《改訂版》

さあ、中国語を学ぼう！

― 会話・講読 ―

別冊ドリル

白 水 社

1 母音に関する問題です。発音された音に〇を付けましょう。　　　　DL 186

(1)	ō — ē		(2)	yī — yū	
(3)	ōu — wō		(4)	wēn — wēng	
(5)	yōu — yāo		(6)	yē — yuē	
(7)	yān — yāng		(8)	yūn — yuān	

2 無気音と有気音に関する問題です。発音された音に〇を付けましょう。　　　　DL 187

(1)	dā — tā		(2)	biāo — piāo	
(3)	guā — kuā		(4)	juē — quē	
(5)	zhōng — chōng		(6)	zāi — cāi	

3 似た音に関する問題です。発音された音に〇を付けましょう。　　　　DL 188

(1)	qī — qū		(2)	duō — dōu	
(3)	liān — liāng		(4)	shēn — shēng	
(5)	jī — zī		(6)	shī — xī	
(7)	rī — zhī		(8)	jiāo — zhāo	

4 音声を聞いて、声調を付けましょう（正しい位置に付けること）。　　　　DL 189

(1)	zou	(2)	gei
(3)	shuo	(4)	mian
(5)	huai	(6)	niu
(7)	dui	(8)	chuang

5 発音された音を、①〜④から1つ選びましょう。

(1) ① zhǐ ② zǐ ③ chǐ ④ cǐ

(2) ① qī ② shī ③ sī ④ xī

(3) ① kù ② tù ③ sù ④ cù

(4) ① chuān ② juān ③ zuān ④ zhuān

(5) ① jiǎo ② xiǎo ③ sǎo ④ shǎo

(6) ① fān ② huān ③ fāng ④ huāng

(7) ① jiàn ② jiàng ③ qiàn ④ qiàng

6 色に関する形容詞の問題です。音声を聞いてピンインを選び、書き入れましょう。

bái	hēi	hóng	huáng	lán	lǜ

(1) 红（赤い） .... (2) 白（白い） ....

(3) 黑（黒い） .... (4) 蓝（青い） ....

(5) 绿（緑の） .... (6) 黄（黄色い） ....

7 音声を聞いて、ピンイン表記と一致するものを①〜④から1つ選びましょう。

(1) sījī ① ② ③ ④

(2) kǎoshì ① ② ③ ④

(3) xuéxí ① ② ③ ④

(4) dìtú ① ② ③ ④

(5) gōngyuán ① ② ③ ④

(6) yīyuàn ① ② ③ ④

(7) shuìjiào ① ② ③ ④

1 ピンインで表し、さらに日本語訳を付けましょう。

(1) 我　是　日本人。

----

(2) 他们　不　是　中国人。

----

(3) 你　是　学生　吗？

----

2 中国語に訳しましょう。

(1) あなたたちは大学生ですか。

----

(2) 彼女は韓国人留学生です。

----

(3) どうぞよろしく。

----

3 空欄 a～e に入る適切な語を □ から選びましょう。（複数回使用可）

是　姓　叫　不

　我姓王，a＿＿＿＿＿ 王静。我是中国留学生。他叫金东国。他 b＿＿＿＿＿ c＿＿＿＿＿ 中国人，

是韩国人。她是日本人，d＿＿＿＿＿ 高木。我们是大学一年级学生，e＿＿＿＿＿ 朋友。

1 ピンインで表し、さらに日本語訳を付けましょう。

(1) 这 是 汉语 词典。

----

(2) 那 是 谁 的 手机？

----

(3) 这些 都 是 她 的 东西。

----

2 中国語に訳しましょう。

(1) 彼も中国人ですか。

----

(2) それは何の教科書ですか。

----

(3) これは私のではなく、彼のです。

----

3 空欄 a 〜 f に入る適切な語を □ から選びましょう。（複数回使用可）

> 的 　 和 　 都 　 也

(1) 王静是高木 a _____ 同学。她们 b _____ 是大学一年级学生。金东国 c _____ 是大学 一年级学生。他 d _____ 王静都是留学生。

(2) 这些杂志不是王静的，e _____ 不是高木的，是她们大学图书馆 f _____ 。

1 ピンインで表し、さらに日本語訳を付けましょう。

(1) 你 看 什么 小说？

------

(2) 我 常 借 图书馆 的 杂志。

------

(3) 下午 我 只 有 英语 课。

------

2 中国語に訳しましょう。

(1) 私たちは体育館に行きます。

------

(2) 私には中国人の友だちがいません。

------

(3) 私はパンを買いますが、あなたは？

------

3 空欄 a～g に入る適切な語を □ から選びましょう。

不 没 吗 呢 谁 哪儿 什么

(1) A：他是 a_____？

  B：他是我朋友。

  A：她们 b_____？

  B：她们也是我朋友。

  A：你们去 c_____？

  B：我们去食堂。你也去 d_____？

  A：我 e_____ 去。我去便利店。

(2)（コンビニで）

  A：我买包子。

  B：您买 f_____ 包子？

  A：我买肉包子。

  B：对不起，g_____ 有肉包子。

  * 肉包子 ròubāozi（肉まん）

第 4 課

1 ピンインで表し、さらに日本語訳を付けましょう。

(1) 这 件 衣服 很 贵。

----

(2) 谁 的 个子 最 高？

----

(3) 你 吃 几 个 汉堡包？

----

2 中国語に訳しましょう。

(1) 私はホットドッグを 2 つ買います。

----

(2) これも安くありません。

----

(3) あなたはいくらのパソコンが欲しいのですか。

----

3 空欄 a 〜 f に入る適切な語を □ から選びましょう。

| 二 | 两 | 很 | 个 | 几 | 多少 |

(1) A：你是哪个大学的学生？

B：我是日东大学的学生。

A：你是 a_____ 年级学生？

B：我是 b_____ 年级学生。

A：你们大学有 c_____ 学生？

B：有一万两千 d_____ 学生。

(2) A：你还有课吗？

B：有，还有 e_____ 节，一节是汉语课。

A：汉语难吗？

B：汉语 f_____ 难。

7

第5課

1 ピンインで表し、さらに日本語訳を付けましょう。

(1) 我 晚上 在 家 看 电视。

- -

(2) 你 去 多少 天 北京？

- -

(3) 足球 从 什么 时候 开始？

- -

2 反復疑問文に書き換えましょう。

(1) 你喝咖啡吗？

- -

(2) 明天你有课吗？

- -

(3) 汉语难吗？

- -

3 中国語に訳しなさい。

(1) あなたは何時に授業が終わりますか。

- -

(2) 私は日曜日に 10 時間働きます。

- -

(3) 私は今日コンビニでアルバイトをします。

- -

1 ピンインで表し、さらに日本語訳を付けましょう。

(1) 她　现在　在　408　房间。

----

(2) 邮局　离　这儿　近　吗？

----

(3) 我　买　了　两　个　三明治。

----

2 中国語に訳しましょう。

(1) 私はまだご飯を食べていません。

----

(2) 私は中国語を3か月勉強しました。

----

(3) 彼はいません、スーパーに行きました。

----

3 空欄 a～h に入る適切な語を □ から選びましょう。（複数回使用可）

不　没　了　从　离　在

(1) A：你买没买课本？

　　B：还 a_____ 买，现在没钱。

　　　　你呢？

　　A：我已经买 b_____ ，还买

　　　　c_____ 一本中日词典。

(2) A：你家 d_____ 大学远不远？

　　B：e_____ 远。

　　A：f_____ 我家到学校要两个小时。

　　　　你家呢？

　　B：我家 g_____ 大学附近。

　　A：那你每天中午 h_____ 家吃饭吗？

　　B：不，我不在家吃。* 中午 zhōngwǔ（正午、お昼）

1 ピンインで表し、さらに日本語訳を付けましょう。

(1) 星期六　我　要　去　医院。

----

(2) 汉语　难，还是　英语　难？

----

(3) 咱们　一起　去　买　东西　吧。

----

2 中国語に訳しましょう。

(1) 彼女は日本に何を学びに来ていますか。

----

(2) あなたは麺を注文しますか、それともチャーハンを注文しますか。

----

(3) あなたはどこに遊びに行きたいですか。

----

3 空欄 a ～ g に入る適切な語を □ から選びましょう。（複数回使用可）

啊　　吧　　要　　想　　还是

　　早上，妈妈问大山："今天也 a＿＿＿ 去学校踢足球吗？"大山说："今天是星期天，不用去。"他又说："今天晚上，咱们去饭馆儿吃饭 b＿＿＿ 。"妈妈说："好 c＿＿＿ ！你 d＿＿＿ 吃日本菜，还是 e＿＿＿ 吃中国菜？"大山问："日本菜贵，f＿＿＿ 中国菜贵？"妈妈说："大概日本菜贵 g＿＿＿ 。"大山说："那吃中国菜吧。"

　　　　　　　　　　　　　　　　　＊又 yòu（また）　＊菜 cài（料理）

1 ピンインで表し、さらに日本語訳を付けましょう。

(1) 你 爬过 几 次 长城？

----

(2) 这 附近 有 没有 快餐店？

----

(3) 她 给 我 唱 了 一 首 歌儿。

----

2 中国語に訳しましょう。

(1) 電車の中にトイレが付いています。

----

(2) 私はまだ中国映画を見たことがありません。

----

(3) 私たちはここでちょっと休みましょう。

----

3 空欄 a～g に入る適切な語を □ から選びましょう。

不 没 了 过 有 跟 给

大山 a_____ 王静打电话，问："想不想去东京迪士乐园玩儿？"王静说："想啊！我还 b_____ 去 c_____ 那儿呢！" 大山说："我 d_____ 朋友去过很多次，上个月又去 e_____ 一次。"王静问："迪士乐园远吗？"大山说："f_____ 远。"王静又问："里边儿有没有饭馆儿？"大山笑了，说："当然 g_____！"

　　　　* 上个月 shàng ge yuè（先月）　　* 笑 xiào（笑う）　　* 当然 dāngrán（当然、もちろん）

1 ピンインで表し、さらに日本語訳を付けましょう。

(1) 我 也 喜欢 喝 乌龙茶。

------

(2) 希望 你 每天 来 电话。

------

(3) 我们 大学 留学生 有 两百 多 个。

------

2 中国語に訳しましょう。

(1) 私は車の運転を習っています。

------

(2) 私の家に遊びに来てください。

------

(3) あなたはどんな歌を歌えますか。

------

3 空欄a～fに入る適切な語を ☐ から選びましょう。

不 没 会 在 呢 过

大山和王静都在操场。大山 a_____ 踢足球。王静 b_____ 在踢，在旁边儿看大山踢

c_____ 。王静 d_____ e_____ 踢足球，可是她喜欢。她最喜欢看大山踢足球。她还跟

大山一起去看 f_____ 一次足球比赛。

1 ピンインで表し、さらに日本語訳を付けましょう。

(1) 暑假　你　过得　怎么样？

----

(2) 我　棒球　打得　不　太　好。

----

(3) 你　能　不　能　用　汉语　跟　中国人　聊天儿？

----

2 中国語に訳しましょう。

(1) 私は日曜日は休めません。

----

(2) 彼女は日本語を流暢に話します。

----

(3) あなたは週に何日アルバイトをしますか。

----

3 空欄 a～g に入る適切な語を □ から選びましょう。(複数回使用可)

不　　得　　会　　能　　可以

A：你 a_____ 打乒乓球吗？

B：b_____ 打，不过打 c_____ 不太好。你呢？

A：我不会打。但是我跑 d_____ 很快，1 分钟 e_____ 跑 500 米。　　＊米 mǐ（メートル）

B：是吗？

A：你能 f_____ 能教我打乒乓球？

B：g_____ 啊！我们一起交流交流吧。

13

1 ピンインで表し、さらに日本語訳を付けましょう。

(1) 这 双 鞋 有点儿 大。

----

(2) 上海 的 夏天 比 东京 热 吗？

----

(3) 你 的 眼镜 在 那儿 放着 呢。

----

2 中国語に訳しましょう。

(1) 彼は今食堂で私たちを待っています。

----

(2) これはあれよりずっと安いです。

----

(3) 中国の携帯電話は日本のほど高くありません。

----

3 空欄 a〜f に入る適切な語を □ から選びましょう。

不 没 比 着 一点儿 有点儿

　　大山有两个哥哥。大哥 a_____ 二哥高 b_____，不过 c_____ 大山高。二哥也是大学生。他喜欢帽子，每天戴 d_____ 帽子去学校。大山问二哥："夏天戴帽子不热吗？"二哥笑着说："e_____ 热。不过，戴帽子比 f_____ 戴帽子帅。"

1 ピンインで表し、さらに日本語訳を付けましょう。

(1) 最近 天气 冷 一点儿 了。

----

(2) 你 是 跟 谁 一起 去 的?

----

(3) 他 告诉 了 我 他 的 生日 是 几 月 几 号。

----

2 日本語を参考に、[ ]内の語を並べ替え、文を完成させましょう。

(1) あなたはいつ上海に行ったのですか。[的 你 去 是 上海 什么 时候]

----

(2) 彼はどうして授業に来られなくなったのですか。[不 来 了 能 他 上课 为什么]

----

(3) あなたは私に中国語を教えてくれませんか。[教 吗 你 我 汉语 可以]

----

3 中国語に訳しましょう。

(1) あなたたちはどうやって知り合ったのですか。

----

(2) 8時すぎになったのに、電車はまだ来ない。

----

(3) 明日はクリスマスですが、あなたは彼女にどんなプレゼントをしたいですか。

----

1 ピンインで表し、さらに日本語訳を付けましょう。

(1) 前边儿　站着　五、六　个　留学生。　＊站 zhàn（立つ）

----

(2) 我　坐错　了　电车，还　要　二十　分钟。

----

(3) 寒假　作业　我　·差不多　写好　了。

----

2 中国語に訳しましょう。

(1) 昨日の交流会にはたくさんの人が来ました。

----

(2) 彼はまだ仕事が見つかっていません。

----

(3) この本を私はもうすぐ読み終わります。

----

3 空欄 a〜h に入る適切な語を □ から選びましょう。（複数回使用可）

不　没　的　了　着　是　快

A：黑板上的中文，你都看懂 a_____ 吗?

B：有的看懂了，有的 b_____ 看懂。　　　＊有的〜有的…（あるものは〜、あるものは…）

A：真的吗? 你看看我的这个。"我今天 c_____　d_____ 骑自行车来 e_____ 。"
　　的 c、d、e 是什么字?

B：我知道。

A：那，"已经七月 f_____ ，g_____ 期末考试了。"的 f、g 呢?　　＊期末 qīmò（期末）

B：我也知道。

A："黑板上写 h_____ 一首诗。"的 h 呢?　　　　＊诗 shī（詩）

B：我不知道……啊，我知道了!

1 ピンインで表し、さらに日本語訳を付けましょう。

(1) 你 带 伞 来 了 吗？

- -

(2) 她 出去 了，还 没 回来。

- -

(3) 让 那个 人 给 我们 照 张 相 吧。

- -

2 日本語を参考に、［　］内の語を並べ替え、文を完成させましょう。

(1) 私たちは入って行ってちょっと見てみましょう。［吧　进　看　看　去　咱们］

- -

(2) 私はアイスクリームを少し買って来ました。［来　了　买　我　冰淇淋　一点儿］

- -

(3) 私は父にすぐに病院に行くように言った。［去　让　我　爸爸　马上　医院］

- -

3 中国語に訳しましょう。

(1) 彼女は教室の中から駆け出して行きました。

- -

(2) 彼は私に必ずメールを返信するように頼んだ。

- -

(3) 私は彼にはやく下りて来るように言った。

- -

1 ピンインで表し、さらに日本語訳を付けましょう。

(1) 我 的 钱包 没有 了 ，一定 被 人 偷 了 。

- -

(2) 你 把 上边儿 的 那 件 毛衣 拿下来 让 我 看看 。

- -

(3) 要是 你 找不到 这 方面 的 书 ，我 可以 为 你 找找 。

- -

2 中国語に訳しましょう（すべて可能補語で表すこと）。

(1) 宿題が多すぎて、今日中にやり終わることができません。

- -

(2) 中国では刺身を食べることができますか。

- -

(3) 彼は何を言っているのですか、私は聞き取れません。

- -

3 空欄 a ～ f に入る適切な語を □ から選びましょう。

把	被	不	得	可是	要是

A ： 我今天踢足球的时候，腿 a_____ 人踢了一下。　　　　* 腿 tuǐ（足：足首から先の部分）

B ： 是吗？疼吗？　　　　　　　　　　　　　　　　　　　　* 疼 téng（痛い）

A ： 走路的时候很疼。　　　　　　　　　　　　　* 走路 zǒu//lù（道を歩く、歩く）

B ： 那你今天自己回 b_____ 去回 c_____ 去家？　　　　　　* 自己 zìjǐ（自分で）

A ： 大概回不去。你 d_____ 有时间，能不能开车 e_____ 我送回家？

B ： 当然可以！ f_____ 我还有第五节课。

A ： 没关系，我等你。

B ： 好。

（2022 年 2 月 10 日　発行）

罗 斯

黑龙江省

● 哈尔滨

内蒙古自治区

● 长春

吉林省

● 沈阳

辽宁省

呼和浩特

★ 北京市

朝鲜

东京 ★

河北省

天津市

□ 大连

太原

石家庄

渤海

韩国

山西省

● 济南

□ 青岛

山东省

黄 海

洛阳

● 郑州

江苏省

河南省

安徽省

苏州

湖北省

合肥

南京

上海市

武汉

杭州

东 海

浙江省

长沙

● 南昌

湖南省

江西省

福建省

● 福州

台北

广东省

□ 厦门

台湾

广州

● 深圳

□

香港 （特別行政区）

澳门 （特別行政区）
マカオ

海口

★	首都
●	省都
□	有名都市
∏∏	万里の長城

《改訂版》

中国語を学ぼう!

会話・講読

竹島　毅・趙　昕著

白水社

装幀・挿絵　佐藤淳子

は じ め に

　このテキストは、中国語をはじめて学ぶ人が週2回の授業で、あるいは通常のテキストでは分量が少ないと思われるクラスで、1年間使うことを想定して編んだものです。

　本書は語彙・表現を学生生活に密着したものに絞りつつ、できるだけ基本的で、頻度の高い表現を用いることを主たる方針としています。特色としては、各課の文法ポイントに基づいて「会話」と「講読」の双方を学ぶことができ、なおかつ会話と講読に即した「練習問題」がそれぞれ付いていることです（会話には「トレーニング A」、講読には「トレーニング B」）。これにより、各課の文法ポイントを繰り返し練習でき、理解度をより深めることができるように工夫を凝らしてあります。

　本書の構成は、全 15 課が、その課で学ぶ内容に沿ったイラスト入りの「関連語」と中国の諸事情を紹介した「コラム」（第4・5・8課を除く）、「文法のポイント」、「会話」、「トレーニング A」、「講読」、「トレーニング B」の順となっています。会話は全課を通じて8行、講読は4行から最大で7行となっています。「トレーニング A」はその課の学習事項に重点を置き、「トレーニング B」は復習を兼ねつつ若干難しい問題を取り入れ、ステップアップを図れるようにしてあります。会話と講読に加え、2種類の練習問題があり、少し欲張った構成になっているかもしれませんが、難易度を配慮してありますので、安心してお使いください。時間的に余裕があるクラスであれば、巻末の付録や別冊ドリルをお使いいただくことにより、さらなる学習効果が期待できます。

　なお、今回の改訂にあたっては、先生方からお寄せいただいた貴重なご意見をもとに全体にわたって見直しを行い、文法項目として新たに離合動詞（第 10 課）を加えました。

　本書によって、学習者の皆さんが楽しみながら中国語の基礎力を身につけ、中国への関心を大いに持っていただくことを願っています。

　2021 年 10 月

著　者

目　次

ウォーミングアップ

1. 中国とは、どんな国？

正式名称： 中華人民共和国（1949 年 10 月成立）

面　　積： 約 960 万 km^2（世界第 4 位、日本の約 26 倍）

人　　口： 約 14 億人

首　　都： 北京（ペきん）（約 800 年の歴史）

民　　族： 漢族、他 55 の少数民族（チベット族、ウィグル族、モンゴル族など）

通　　貨： 元（げん）

2. 中国語とは、どんな言葉？

　中国語は、世界中の言語の中で母語話者の数が最も多い言語です。私たちの言う「中国語」は、中国では「漢語」（かんご）（"汉语" Hànyǔ）と呼ばれています。多民族国家の中国で 90％以上を占める漢族の言語のことです。中国は国土が広大なため、同じ "汉语" でも、一般に 7 大方言区域に分けられるほど方言間の差異が大きいのですが、皆さんがこれから学ぶのは北京語に基づいた共通語（"普通话" pǔtōnghuà）であり、中国全土で広く通じるものです。
　中国語の漢字一つ一つの発音には「声調」（せいちょう）（"声调" shēngdiào）と呼ばれる音声の上がり下がりの調子があり、これが 4 種類あるところから「四声」（しせい）（"四声" sìshēng）とも呼ばれます。声調の違いによって意味が異なるのが中国語の特徴です。例えば、ma を mā と言えば「お母さん」、mǎ と言えば「馬」の意味になります。

3. 発音と簡体字を覚えよう。

　中国語をマスターするための第一歩は発音です。それにはまず、漢字の音を示す中国式ローマ字である「ピンイン」（"拼音" pīnyīn）の読み方と 4 つの声調のリズムを覚える必要があります。日本語にはない難しい音もありますが、根気強く練習してください。
　文字の面でも、中国大陸では現在、字形を簡略化した「簡体字」（かんたいじ）（"简体字" jiǎntǐzì）が使われています。日本の漢字と字形は同じでも意味の違うものが少なくありません。例を挙げてみましょう。

簡体字　　　　　门（門）　　泪（涙）　　机（機）　　乡（郷）　　说（説）　　电（電）

意味の異なる語　　走（歩く）　　爱人（配偶者）　　手纸（トイレットペーパー）

発　音

1 声調

せい ちょう

DL 2

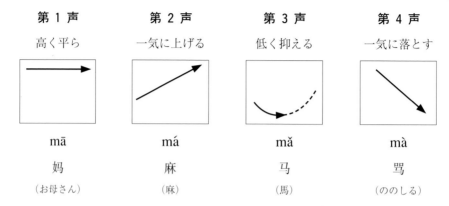

第 1 声	第 2 声	第 3 声	第 4 声
高く平ら	一気に上げる	低く抑える	一気に落とす
mā	má	mǎ	mà
妈	麻	马	骂
（お母さん）	（麻）	（馬）	（ののしる）

2 単母音

たん ぼ いん

DL 3

a o e i u ü　er

a　　　　口を大きく開けて「ア」。

o　　　　唇を丸くして「オ」。

e　　　　唇を横にひいて、のどの奥から出す。「エ」の口の形で「オ」を言う。

i （yi）　唇を横にひいて「イ」。

u （wu）　唇を前に突き出して「ウ」。

ü （yu）　唇をすぼめる。「ユ」の形で「イ」を言う。

　　* 口が最も大きく開くのはa、以下o、e、i、u、üの順で口が狭まっていく。
　　* i、u、üは前に子音が付かないときは、yi、wu、yuと表記する。

er　　　　特殊単母音。「ア」と発音しながら、舌の先を上にそらす。

【練習 1】　発音しましょう。　　　　　　　　　　　　　　DL 4

1) ā　　　á　　　ǎ　　　à　　　　2) ō　　　ó　　　ǒ　　　ò

3) ē　　　é　　　ě　　　è　　　　4) yī　　yí　　yǐ　　yì

5) wū　　wú　　wǔ　　wù　　　　6) yū　　yú　　yǔ　　yù

7) ēr　　ér　　ěr　　èr

8

③ 複母音 （ふくぼいん） DL 5

| ai | ei | ao | ou | | （前の音をはっきり発音する） |

| ia | ie | ua | uo | üe | （後ろの音をはっきり発音する） |

（ya）（ye）（wa）（wo）（yue）

| iao | iou | uai | uei | （真ん中の音をはっきり発音する） |

（yao）（you）（wai）（wei）

＊（　）は、前に子音が付かないときの表記。

＊複母音の中のeは、日本語の「エ」に近い音になる。

＊iouとueiの前に子音が付くとき、真ん中のoとeは省いて表記する。

n ＋ iou → niu　　　g ＋ uei → gui

【練習 2】 発音しましょう。 DL 6

1）ài　　　2）óu　　　3）yā　　　4）yě　　　5）wǒ

6）yuē　　7）yào　　8）yǒu　　9）wài　　10）wéi

④ 子音（1） （しいん） DL 7

	無気音 （むきおん）	有気音 （ゆうきおん）		
唇 音 （しんおん）	b(o)	p(o)	m(o)	f(o)
舌尖音 （ぜっせんおん）	d(e)	t(e)	n(e)	l(e)
舌根音 （ぜっこんおん）	g(e)	k(e)	h(e)	

＊子音は（　）の母音を付けて練習する。

無気音： 息をそっと出しながら発音する。

有気音： 息を強く吐き出しながら発音する。

【練習 3】 無気音と有気音の違いに注意して、発音しましょう。 DL 8

1）bō — pō　　　2）bā — pā　　　3）bāi — pāi

4）dē — tē　　　5）dī — tī　　　6）diē — tiē

7）gē — kē　　　8）gū — kū　　　9）guō — kuō

5 子音（2）

	無気音	有気音	
舌面音 （ぜつめんおん）	j(i)	q(i)	x(i)
舌歯音 （ぜっしおん）	z(i)	c(i)	s(i)

* j、q、x が ü と組むときは、ju、qu、xu と表記する。

【練習 4】 無気音と有気音の違いに注意して、発音しましょう。　DL 10

1) jī — qī　　　　2) jiā — qiā　　　　3) jiāo — qiāo

4) zī — cī　　　　5) zū — cū　　　　6) zuī — cuī

6 子音（3）

DL 11

	無気音	有気音		
そり舌音 （じたおん）	zh(i)	ch(i)	sh(i)	r(i)

zh・ch：　そり上げた舌先を上の歯茎より少し奥に付けて出す。

sh・r：　　そり上げた舌先を歯茎に付けず、少しすき間を残したまま息を摩擦させて出す。

【練習 5】 無気音と有気音の違いに注意して、発音しましょう。　DL 12

1) zhī — chī　　　　2) zhā — chā　　　　3) zhāi — chāi

4) zhōu — chōu　　　5) zhuō — chuō　　　6) zhuī — chuī

【練習 6】 音の違いに注意して、発音しましょう。　DL 13

1) zhū — jiū　　　　2) zhuī — zuī　　　　3) chōu — cōu

4) shāo — xiāo　　　5) shuī — suī　　　6) rī — lī

7 鼻母音（ -n、-ng の母音 ）

-n	an	en	ian	in	uan	uen	üan	ün
			(yan)	(yin)	(wan)	(wen)	(yuan)	(yun)

-ng	ang	eng	iang	ing	uang	ueng	ong	iong
			(yang)	(ying)	(wang)	(weng)		(yong)

-n：　舌先を上の歯茎に付ける。「アンナイ（案内）」のときの「ン」。

-ng：舌先を上の歯茎に付けない。「アンガイ（案外）」のときの「ン」。

* en の e は日本語の「エ」に近く、eng の e は単母音の e に近い音。

* ian は「イアン」ではなく、「イエン」。

* uen の前に子音が付くとき、e は省いて表記する。　　k ＋ uen → kun

【練習 7】 -n と -ng の違いに注意して、発音しましょう。　　　　　　　　　　DL 15

1) ān — āng　　　2) ēn — ēng　　　3) yān — yāng

4) yīn — yīng　　　5) wān — wāng　　　6) wēn — wēng

【練習 8】 音声を聞いて、発音された方に ○ を付けましょう。　　　　　　　　DL 16

1) bān — bāng　　　2) fēn — fēng　　　3) qián — qiáng

4) xìn — xìng　　　5) chuān — chuāng

声調記号の付け方

① a があれば a に。　　　　　　　　māo　　xiǎo

② a がなければ e か o に。　　　　　wéi　　yǒu

③ iu と ui の場合は**後ろの方に**。　jiǔ　　guì

* i に付ける場合は、i の上の点を取る。　yī　　nǐ

【練習 9】 音声を聞いて、声調記号を付けましょう。　　　　　　　　　　　　DL 17

1) zi〔字〕　2) yu〔雨〕　3) shui〔水〕　4) jia〔家〕　5) qiu〔球〕

6) rou〔肉〕　7) cha〔茶〕　8) bing〔病〕　9) shan〔山〕　10) ren〔人〕

【練習 10】 音声を聞いて、発音された方に ○ を付けましょう。　　　　　　　DL 18

1) sì — sù　　　2) zuǒ — zǒu　　　3) xiě — xuě

4) dǒng — děng　　　5) fēi — hēi　　　6) cōng — kōng

7) qī — chī　　　8) jiā — zhā　　　9) sān — shān

【練習 11】 音声を聞いて、ピンイン（声調記号を含む）を書きましょう。　　DL 19

〇　　　一　　　二　　　三　　　四　　　五

------------------　------------------　------------------　------------------　------------------

六　　　七　　　八　　　九　　　十

------------------　------------------　------------------　------------------　------------------

8 　声調の組み合わせ

	第 1 声	第 2 声	第 3 声	第 4 声
第 1 声	kāfēi 咖啡	Zhōngguó 中国	hēibǎn 黒板	shāngdiàn 商店
第 2 声	qiánbāo 钱包	shítáng 食堂	cídiǎn 词典	xuéxiào 学校
第 3 声	lǎoshī 老师	měinián 每年	yǔsǎn 雨伞	wǎnfàn 晚饭
第 4 声	jiànkāng 健康	dàxué 大学	Rìběn 日本	jiàoshì 教室

【練習 12】　音声を聞いて、声調記号を付けましょう。　DL 21

1) Dongjing［東京］　　2) Daban［大阪］　　3) Beijing［北京］

4) Shanghai［上海］　　5) Sichuan［四川］　　6) Guangdong［広東］

7) Xianggang［香港］　　8) Huanghe［黄河］　　9) Changjiang［長江］

＊固有名詞のピンインは、頭文字を大文字で表わす。

9 　軽　声（けいせい）　DL 22

前の音に添えて、軽く短く発音する音を「軽声」という。軽声には声調記号を付けない。

第1声＋軽声　　　第2声＋軽声　　　第3声＋軽声　　　第4声＋軽声

māma　　　　　xuésheng　　　　yǐzi　　　　　bàba

妈妈　　　　　学生　　　　　　椅子　　　　　爸爸

（お母さん）　　（学生）　　　　（椅子）　　　　（お父さん）

10 声調の変化（変調）^{へんちょう}

1. 第3声

第3声 ＋ 第1・2・4声・軽声 ➡ **半3声** ＋ 第1・2・4声・軽声

xiǎoshuō［小说］   yǒumíng［有名］   yǎnjìng［眼镜］   jiǎozi［饺子］

* 半3声は第3声の前半部だけを低く抑える。

第3声 ＋ 第3声 ➡ **第2声** ＋ 第3声

nǐ hǎo［你好］   shuǐguǒ［水果］

2. "不" bù

"不" bù ＋ 第4声 ➡ **bú** ＋ 第4声

bú yào［不要］   bú dà［不大］

3. "一" yī

"一" yī ＋ 第1・2・3声 ➡ **yì** ＋ 第1・2・3声

yìqiān［一千］   yì nián［一年］   yìbǎi［一百］

"一" yī ＋ 第4声 ➡ **yí** ＋ 第4声

yíwàn［一万］   yídìng［一定］

* 順序を表わす場合、"一" は変調しない。

11 儿化（アル化）

儿化とは、音節の末尾で舌をそり上げて発音すること。ただし、r の前の n、i は発音しない。

huā → huār	wán → wánr	xiǎohái → xiǎoháir
花　　花儿	玩　　玩儿	小孩　　小孩儿

■ あいさつ言葉を覚えましょう ■

你 好！（こんにちは。）　　　　　再见！　　（さようなら。）
Nǐ hǎo !　　　　　　　　　　　Zàijiàn !

谢谢。（ありがとう。）　—　不 客气。（どういたしまして。）
Xièxie.　　　　　　　　　Bú kèqi.

对不起。（すみません。）　—　没 关系。（構いません。）
Duìbuqǐ.　　　　　　　　　Méi guānxi.

① 日本　Rìběn

② 中国　Zhōngguó

③ 日本人　Rìběnrén

④ 中国人　Zhōngguórén

⑤ 留学生　liúxuéshēng

⑥ 老师　lǎoshī

⑦ 学生　xuésheng

■ 中国人の姓 ■

　中国では、1文字の姓（"姓" xìng）が圧倒的に多く、"王" Wáng（王）、"李" Lǐ（李）、"张" Zhāng（張）の上位3つの姓だけで優に全人口の2割以上を占めます。約14億の人口に対してわずか4,000種類の姓に限られるため、同姓同名によるトラブルが起こることもあります。

　女性は結婚しても姓が変わらず、子供は習慣的に父親の姓を名乗ります。学生同士はフルネームで呼び合い、上級生に対しても特に敬称は用いません。皆さんが中国の学生と友だち（"朋友" péngyou）になったら、姓だけでなくフルネームで呼ぶのがいいでしょう。

1. 人称代名詞

	1人称	2人称	3人称	
単 数	我 （私） wǒ	你 （您）（あなた） nǐ （nín）	他 （彼） tā	她 （彼女） tā
複 数	我们 （私たち） wǒmen	你们 （あなたたち） nǐmen	他们 （彼ら） tāmen	她们 （彼女たち） tāmen

▶ 2人称 "您" は "你" の敬称。話し言葉では "您们" とは言わない。

2. 動詞 "是" shì の文

> A ＋ "是" ＋ B　　　（A は B である）

肯定文： 我　是　学生。　　　　　　他们　是　中国人。
　　　　 Wǒ　shì　xuésheng.　　　 Tāmen　shì　Zhōngguórén.

▶ 否定文は、"是" の前に **"不"** bù を付ける。**"不"** は第2声に変調する（→ p.13）。

否定文： 我　不　是　学生。　　　　他们　不　是　中国人。
　　　　 Wǒ　bú　shì　xuésheng.　 Tāmen　bú　shì　Zhōngguórén.

3. "吗" ma 疑問文

肯定文の文末に "吗" を付けると、疑問文になる。

你　是　留学生　吗？　　　　　她　是　老师　吗？
Nǐ　shì　liúxuéshēng　ma?　　 Tā　shì　lǎoshī　ma?

—— 是。／ 不　是。　　　　　—— 是。／ 不　是。　　　*是 そうです
　　 Shì.　　 Bú　shì.　　　　　　 Shì.　　 Bú　shì.　　　*不是 違います

▶ 中国語の疑問文は、文末に必ず「?」を付ける。

你 好！
Nǐ hǎo！

DL 29 ゆっくり
DL 30 速め

高木： 你 好！
Gāomù Nǐ hǎo！

李民： 你 好！
Lǐ Mín Nǐ hǎo！

高木： 你 是 中国人 吗？
Nǐ shì Zhōngguórén ma？

李民： 是， 我 是 中国 留学生。
Shì, wǒ shì Zhōngguó liúxuéshēng.

高木： 你 贵姓？
Nǐ guìxìng？

李民： 我 姓 李， 叫 李 民。
Wǒ xìng Lǐ, jiào Lǐ Mín.

高木： 我 姓 高木。 请 多 关照！
Wǒ xìng Gāomù. Qǐng duō guānzhào！

李民： 请 多 关照！
Qǐng duō guānzhào！

DL 28

単語

你好 nǐ hǎo こんにちは　　好 hǎo 形 よい　　贵姓 guìxìng 〈尊敬の気持ちを含む〉お名前は

姓 xìng 動 （姓を）〜という　　叫 jiào 動 （名前を）〜という　　李民 Lǐ Mín 图 李民

高木 Gāomù 图 高木　　请多关照 qǐng duō guānzhào どうぞよろしく（请 qǐng 動 どうぞ〜してください）

トレーニング 1 A

1 次のピンインを漢字に直し、さらに訳しましょう。　　　　　　　　DL 31

(1) Nǐ hǎo! Wǒ xìng Lǐ.　　_____

(2) Tā shì Zhōngguórén.　　_____

(3) Nǐmen shì liúxuéshēng ma?　_____

2 次の文を否定文と疑問文にしましょう。

(1) 他 是 老师。　　　　否定文：_____
　　Tā shì lǎoshī.

　　　　　　　　　　　　疑問文：_____

(2) 她 是 日本人。　　　否定文：_____
　　Tā shì Rìběnrén.

　　　　　　　　　　　　疑問文：_____

(3) 我 是 学生。　　　　否定文：_____
　　Wǒ shì xuésheng.

　　　　　　　　　　　　疑問文：_____

3 絵を見ながら、音声の質問に中国語で答えましょう。　　　　　　DL 32

(1)　　　　　　　　　(2)　　　　　　　　　(3)

_____　_____　_____

自我 介绍
Zìwǒ   jièshào

DL 34
DL 35

我	姓	大山，	叫	大山	和也。	我	是	日本人，	是	大学

我　姓　大山，　叫　大山　和也。　我　是　日本人，　是　大学
Wǒ　xìng　Dàshān,　jiào　Dàshān　Héyě.　Wǒ　shì　Rìběnrén,　shì　dàxué

一　年级　学生。
yī　niánjí　xuésheng.

她　叫　王　静，　是　中国　留学生。　他　叫　金　东国。
Tā　jiào　Wáng　Jìng,　shì　Zhōngguó　liúxuéshēng.　Tā　jiào　Jīn　Dōngguó.

他　不　是　中国人，　是　韩国人。　我们　是　朋友。
Tā　bú　shì　Zhōngguórén,　shì　Hánguórén.　Wǒmen　shì　péngyou.

DL 33

単 / 語

自我介绍 zìwǒ jièshào　自己紹介　　**大山和也 Dàshān Héyě** 图　大山和也

大学 dàxué 图　大学（**大学生 dàxuéshēng** 图　大学生）　**一 yī** 数　1　　**年级 niánjí** 图　学年

王静 Wáng Jìng 图　王静　　**金东国 Jīn Dōngguó** 图　金東国　　**韩国人 Hánguórén** 图　韓国人

朋友 péngyou 图　友だち

トレーニング　1　B

1 講読の内容に関する質問に、中国語で答えましょう。

(1) 大山　是　大学生　吗？
　　Dàshān　shì　dàxuéshēng　ma？　_____

(2) 王　静　是　留学生　吗？
　　Wáng　Jìng　shì　liúxuéshēng　ma？　_____

(3) 金　东国　是　中国人　吗？
　　Jīn　Dōngguó　shì　Zhōngguórén　ma？　_____

2 日本語を参考に、語を並べ替えましょう。

(1) 彼女は学生ではありません。

　　不　　　她　　　学生　　　是
　　bù　　　tā　　　xuésheng　　shì

　　_____

(2) 彼は中国人留学生ですか。

　　是　　　吗　　　中国　　　他　　　留学生
　　shì　　　ma　　　Zhōngguó　　tā　　　liúxuéshēng

　　_____

(3) 私は1年生です。

　　我　　　一　　　学生　　　年级　　　是
　　wǒ　　　yī　　　xuésheng　　niánjí　　shì

　　_____

3 中国語に訳しましょう。

(1) 彼らは留学生ですか。　_____

(2) あなたたちは友だちですか。　_____

(3) 彼女は中国人ではなく、日本人です。　_____

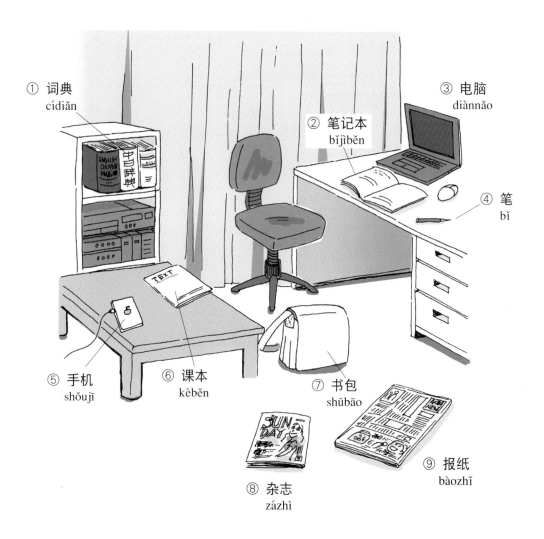

① 词典 cídiǎn

② 笔记本 bǐjìběn

③ 电脑 diànnǎo

④ 笔 bǐ

⑤ 手机 shǒujī

⑥ 课本 kèběn

⑦ 书包 shūbāo

⑧ 杂志 zázhì

⑨ 报纸 bàozhǐ

■ 中国の大学 ■

　中国の大学が日本の大学と異なる点は、競争率が高いこと、秋入学であること、入試方式が年1回の全国統一入試（"高考" gāokǎo）のみであること、4年間を寮（"宿舍" sùshè）で送ること、などです。驚くほど広いキャンパスを有する大学も数多くあり、病院（"医院" yīyuàn）、銀行（"银行" yínháng）、郵便局（"邮局" yóujú）、商店（"商店" shāngdiàn）だけでなく、教職員家族と定年退職者家族の住宅、託児所なども構内に付設しています。

1. 指示代名詞（1）

这 ／ 这个 (これ) zhè　zhège	那 ／ 那个 (それ・あれ) nà　nàge	哪 ／ 哪个 (どれ) nǎ　nǎge
这些 (これら) zhèxiē	那些 (それら・あれら) nàxiē	哪些 (どれら) nǎxiē

这　是　课本。　　　　那些　是　杂志。
Zhè　shì　kèběn.　　　　Nàxiē　shì　zázhì.

▶ 目的語となるときは、"这"、"那"、"哪"のみでは用いることはできない。

2. 疑問詞疑問文

尋ねたいところに疑問詞を置く。文末に"吗"を付けない。

〈什么〉　这　是　什么？ ── 这　是　课本。
(何、どんな)　Zhè　shì　shénme?　　Zhè　shì　kèběn.

　　　　　那　是　什么　词典？── 那　是　汉语　词典。*汉语 図 中国語
　　　　　Nà　shì　shénme　cídiǎn?　Nà　shì　Hànyǔ　cídiǎn.

〈谁〉　　她　是　谁？ ── 她　是　李　老师。
(誰)　　Tā　shì　shéi?　　Tā　shì　Lǐ　lǎoshī.

3. "的" de の用法

名詞 ＋ "的" ＋ 名詞　　（〜の …）

我　的　手机　　　　大学　的　电脑
wǒ　de　shǒujī　　　　dàxué　de　diànnǎo

▶ "的"の後の名詞は省略できる。　这　是　谁　的　书包？── 是　我　的。
　　　　　　　　　　　　　　　　Zhè　shì　shéi　de　shūbāo?　　Shì　wǒ　de.

▶ 「人称代名詞＋人間関係・所属先」となる時や、国・言語などが前について熟語化した語句は、"的"を省くことが多い。

我　朋友　　我们　大学　　中国　留学生　　汉语　课本
wǒ　péngyou　wǒmen　dàxué　Zhōngguó　liúxuéshēng　Hànyǔ　kèběn

4. 副詞 ── "也" yě（〜もまた）・"都" dōu（みな、すべて）

主語 ＋ "也" ／ "都" ＋ 動詞・形容詞

那　也　是　杂志。　　　　她们　都　是　　中国人。
Nà　yě　shì　zázhì.　　　　Tāmen　dōu　shì　Zhōngguórén.

这 是 什么？
Zhè shì shénme?

李民： 这 是 什么？
　　　 Zhè shì shénme?

高木： 这 是 汉语 课本。
　　　 Zhè shì Hànyǔ kèběn.

李民： 那 也 是 课本 吗？
　　　 Nà yě shì kèběn ma?

高木： 不 是， 那 是 杂志。
　　　 Bú shì, nà shì zázhì.

李民： 是 什么 杂志？
　　　 Shì shénme zázhì?

高木： 是 音乐 杂志。
　　　 Shì yīnyuè zázhì.

李民： 这 是 谁 的 词典？
　　　 Zhè shì shéi de cídiǎn?

高木： 是 我 同学 的。
　　　 Shì wǒ tóngxué de.

単／語

音乐 yīnyuè 図 音楽　　同学 tóngxué 図 同級生、クラスメート

トレーニング 2 A

1 次のピンインを漢字に直し、さらに訳しましょう。　　　　　　　　　　　　DL 41

(1) Nà shì shénme?　　　_____

(2) Zhè shì nǐ de kèběn ma?　　　_____

(3) Tā yě shì wǒ tóngxué.　　　_____

2 疑問詞 "什么"、"谁" のいずれかを用いて、下線部が答えとなる疑問文を作りましょう。

(1) 他们　是　<u>我</u>　朋友。
　　Tāmen shì wǒ péngyou.

　　_____

(2) 那　是　<u>时装</u>　杂志。　　　　　　　　　＊时装 图 ファッション
　　Nà shì shízhuāng zázhì.

　　_____

(3) 她　是　<u>汉语</u>　老师。
　　Tā shì Hànyǔ lǎoshī.

　　_____

(4) 那<u>些</u>　是　<u>高木</u>　的　笔记本。
　　Nàxiē shì Gāomù de bǐjìběn.

　　_____

3 絵を見ながら、音声の質問に中国語で答えましょう。　　　　　　　　　DL 42

(1)　　　　　　　　　(2)　　　　　　　　　(3)

_____　　_____　　_____

大山 的 房间
Dàshān de fángjiān

DL 44
DL 45

这 是 大山 的 房间。
Zhè shì Dàshān de fángjiān.

这 是 他 的 书包 和 钱包。 这 是 他 的 汉语 词典、
Zhè shì tā de shūbāo hé qiánbāo. Zhè shì tā de Hànyǔ cídiǎn、

手机 和 电脑。
shǒujī hé diànnǎo.

那些 都 不 是 大山 的 东西。 杂志 是 他 朋友 的,
Nàxiē dōu bú shì Dàshān de dōngxi. Zázhì shì tā péngyou de,

小说 是 图书馆 的。
xiǎoshuō shì túshūguǎn de.

DL 43

单 语

房间 fángjiān 图 部屋　　和 hé 接 ～と　　钱包 qiánbāo 图 财布　　东西 dōngxi 图 物、品物

小说 xiǎoshuō 图 小说　　图书馆 túshūguǎn 图 图书馆

トレーニング 2 B

1 講読の内容に関する質問に、中国語で答えましょう。

(1) 手机　是　大山　的　吗？
　　Shǒujī　shì　Dàshān　de　ma？

(2) 小说　也　是　大山　的　吗？
　　Xiǎoshuō　yě　shì　Dàshān　de　ma？

(3) 杂志　是　谁　的？
　　Zázhì　shì　shéi　de？

2 日本語を参考に、語を並べ替えましょう。

(1) これは誰のパソコンですか。

的	是	谁	这	电脑
de	shì	shéi	zhè	diànnǎo

(2) それらは彼の物です。

的	他	是	东西	那些
de	tā	shì	dōngxi	nàxiē

(3) 彼女たちはみな私の同級生です。

是	都	我	她们	同学
shì	dōu	wǒ	tāmen	tóngxué

3 中国語に訳しましょう。

(1) これは私のかばんではありません。

(2) 誰が中国人留学生ですか。

(3) 彼も私の友だちです。

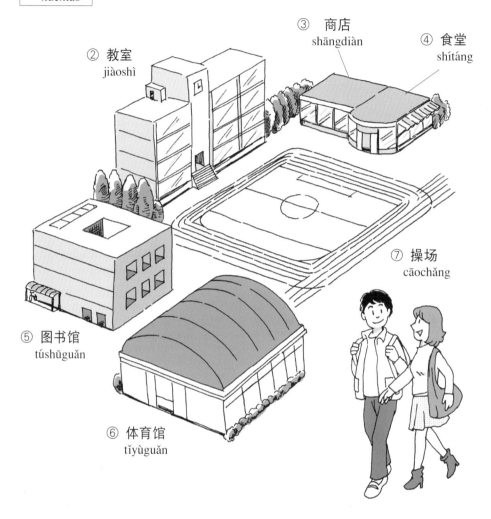

① 学校
xuéxiào

② 教室
jiàoshì

③ 商店
shāngdiàn

④ 食堂
shítáng

⑤ 图书馆
túshūguǎn

⑥ 体育馆
tǐyùguǎn

⑦ 操场
cāochǎng

■ 中国の大学生の生活 ■

中国の大学生のほとんどは勉強熱心で、放課後の図書館は席が埋まり、夜遅くまで電気が点いています。予習（"预习" yùxí）や復習（"复习" fùxí）に励む人はもちろんのこと、英語の検定試験に取り組む人の姿も多く見られます。

余暇の過ごし方は、趣味（"爱好" àihào）に使ったり、ネットをしたり（"上网" shàngwǎng）、ショッピングをしたり（"购物" gòuwù）と人さまざまですが、日本と異なり、部活は盛んではなく、アルバイトをする（"打工" dǎgōng）人も全体的に多くありません。

1. 動詞述語文   DL 47

> 主語 + 動詞（ + 目的語）　（…は～する）

肯定文： 我　去　学校。 *去 動 行く   他　看　书。 *看 動 見る、読む
       Wǒ　qù　xuéxiào.   Tā　kàn　shū.   *书 名 本

否定文： 我　不　去　学校。   他　不　看　书。
       Wǒ　bú　qù　xuéxiào.   Tā　bú　kàn　shū.

疑問文： 你　去　学校　吗？   他　看　书　吗？
       Nǐ　qù　xuéxiào　ma？   Tā　kàn　shū　ma？

       —— 去。／ 不　去。   —— 看。／ 不　看。
           Qù.　Bú　qù.   Kàn.　Bú　kàn.

2. 「所有」を表わす動詞 "有" yǒu

> 主語 + "有"（ + 目的語）　（…は ～ を持っている・～ がある）

肯定文： 我　有　电脑。   她　有　汉语　课。 *课 名 授業
       Wǒ　yǒu　diànnǎo.   Tā　yǒu　Hànyǔ　kè.

▶ 否定は、"没有" を用いる。目的語がある場合、"有" を省略できる。

否定文： 我　没有　电脑。   她　没　汉语　课。
       Wǒ　méiyǒu　diànnǎo.   Tā　méi　Hànyǔ　kè.

疑問文： 你　有　电脑　吗？   她　有　汉语　课　吗？
       Nǐ　yǒu　diànnǎo　ma？   Tā　yǒu　Hànyǔ　kè　ma？

       —— 有。／ 没有。   —— 有。／ 没有。
          Yǒu.　Méiyǒu.   Yǒu.　Méiyǒu.

3. 指示代名詞（2）

这儿（ここ） zhèr	那儿（そこ・あそこ） nàr	哪儿（どこ） nǎr

这儿　是　我们　的　教室。   你　去　哪儿？
Zhèr　shì　wǒmen　de　jiàoshì.   Nǐ　qù　nǎr？

4. 省略疑問の "呢" ne

> 名詞 + "呢"　（～は？）

我　是　学生，你　呢？   我　去　食堂，你们　呢？
Wǒ　shì　xuésheng,　nǐ　ne？   Wǒ　qù　shítáng,　nǐmen　ne？

你 去 哪儿？
Nǐ qù nǎr ?

李民： 高木，你 去 哪儿？
　　　 Gāomù, nǐ qù nǎr ?

高木： 我 去 图书馆。
　　　 Wǒ qù túshūguǎn.

李民： 我 也 去 图书馆。
　　　 Wǒ yě qù túshūguǎn.

高木： 我 借 书。你 呢？
　　　 Wǒ jiè shū. Nǐ ne ?

李民： 我 看 杂志。
　　　 Wǒ kàn zázhì.

高木： 下午 你 有 课 吗？
　　　 Xiàwǔ nǐ yǒu kè ma ?

李民： 没有。 你 呢？
　　　 Méiyǒu. Nǐ ne ?

高木： 我 还 有 英语 课。
　　　 Wǒ hái yǒu Yīngyǔ kè.

単 / 語

借 jiè 動 借りる、貸す　　下午 xiàwǔ 名 午後（↔ 上午 shàngwǔ）　　还 hái 副 （他に）まだ
英语 Yīngyǔ 名 英語

トレーニング 3 A

1 次のピンインを漢字に直し、さらに訳しましょう。　　　　　　　　　　　DL 51

(1) Nǐ kàn shénme zázhì?　　　　..

(2) Wǒmen qù jiàoshì, nǐ ne?　　　　..

(3) Xiàwǔ tā méiyǒu Hànyǔ kè.　　　　..

2 日本語に従って動詞と名詞を結び、中国語に訳しましょう。

| 動詞 | 借 | 看 | 学 | 来 | 去 | 有 | *学 動 学ぶ、習う |
| | jiè | kàn | xué | lái | qù | yǒu | *来 動 来る |

| 名詞 | 报纸 | 词典 | 电脑 | 汉语 | 学校 | 商店 |
| | bàozhǐ | cídiǎn | diànnǎo | Hànyǔ | xuéxiào | shāngdiàn |

(1) 店に行く　　　　　　　　　　(2) 学校に来る

　　..　　　　..

(3) 新聞を読む　　　　　　　　　　(4) 辞書を借りる

　　..　　　　..

(5) 中国語を学ぶ　　　　　　　　　(6) パソコンを持っている

　　..　　　　..

3 絵を見ながら、音声の質問に中国語で答えましょう。　　　　　　　　DL 52

(1)　　　　　　　　　　(2)　　　　　　　　　　(3)

....　　　　............................　　　　............................

便利店
Biànlìdiàn

大山　　每天　去　附近　的　便利店。　他　常　买　盒饭、面包、
Dàshān　měitiān　qù　fùjìn　de　biànlìdiàn.　Tā　cháng　mǎi　héfàn、miànbāo、

包子、饮料　什么的。　他　最　喜欢　便利店　的　包子。
bāozi、　yǐnliào　shénmede.　Tā　zuì　xǐhuan　biànlìdiàn　de　bāozi.

今天，大山　没有　钱。　所以　他　不　买　东西，只　看　漫画
Jīntiān,　Dàshān　méiyǒu　qián.　Suǒyǐ　tā　bù　mǎi　dōngxi,　zhǐ　kàn　mànhuà

和　杂志。
hé　zázhì.

単｜語

便利店 biànlìdiàn 图　コンビニ　　每天 měitiān 图　毎日　　附近 fùjìn 图　付近、近く

常 cháng 圖　いつも、よく　　买 mǎi 動　買う　　盒饭 héfàn 图　弁当　　面包 miànbāo 图　パン

包子 bāozi 图　中華まん　　饮料 yǐnliào 图　飲み物　　什么的 shénmede 助　～など

最 zuì 圖　最も、一番　　喜欢 xǐhuan 動　好きである　　今天 jīntiān 图　今日　　钱 qián 图　お金

所以 suǒyǐ 接　そのため、だから　　只 zhǐ 圖　ただ、～だけ、～しかない　　漫画 mànhuà 图　漫画

トレーニング　3　B

1　講読の内容に関する質問に、中国語で答えましょう。

(1)　大山　　每天　　去　　哪儿？
　　　Dàshān　měitiān　qù　　nǎr？

_____

(2)　大山　　最　　喜欢　　什么？
　　　Dàshān　zuì　xǐhuan　shénme？

_____

(3)　今天，　大山　　有　　钱　　吗？
　　　Jīntiān，　Dàshān　yǒu　qián　ma？

_____

2　日本語を参考に、語を並べ替えましょう。

(1)　私はパンと飲み物を買います。

　　　买　　　和　　　我　　　面包　　　饮料
　　　mǎi　　hé　　　wǒ　　miànbāo　yǐnliào

_____

(2)　あなたはよくコンビニに行きますか。

　　　常　　　吗　　　你　　　便利店　　　去
　　　cháng　ma　　　nǐ　　biànlìdiàn　qù

_____

(3)　私は英語の辞書しか持っていない。

　　　有　　　我　　　词典　　　英语　　　只
　　　yǒu　　wǒ　　cídiǎn　　Yīngyǔ　zhǐ

_____

3　中国語に訳しましょう。

(1)　私は漫画を読みません。

_____

(2)　あなたには中国人の友だちがいますか。

_____

(3)　私は音楽が好きですが、あなたは？

_____

① 果汁
guǒzhī

② 热狗
règǒu

③ 汉堡包
hànbǎobāo

④ 三明治
sānmíngzhì

⑤ 可乐
kělè

⑥ 蛋糕
dàngāo

⑦ 咖啡
kāfēi

⑧ 冰淇淋
bīngqílín

DL 57

数 字										
零	一	二	三	四	五	六	七	八	九	十
líng	yī	èr	sān	sì	wǔ	liù	qī	bā	jiǔ	shí
(0)	(1)	(2)	(3)	(4)	(5)	(6)	(7)	(8)	(9)	(10)

十一	十二	十三………		二十	二十一	二十二	二十三………
shíyī	shí'èr	shísān		èrshí	èrshiyī	èrshi'èr	èrshisān
(11)	(12)	(13)		(20)	(21)	(22)	(23)

三十	四十	五十	六十………	一百	一千	一万
sānshí	sìshí	wǔshí	liùshí	yìbǎi	yìqiān	yíwàn
(30)	(40)	(50)	(60)	(100)	(1,000)	(10,000)

1. 形容詞述語文

DL 58

主語 + 形容詞 （～ はどのようだ）

肯定文： 这个 很 好。 *很 圖 とても　汉语 很 难。 *难 圏 難しい
Zhège hěn hǎo.　　　　　　Hànyǔ hěn nán.

否定文： 这个 不 好。　　　　　　汉语 不 难。
Zhège bù hǎo.　　　　　　Hànyǔ bù nán.

疑問文： 这个 好 吗？　　　　　　汉语 难 吗？
Zhège hǎo ma?　　　　　　Hànyǔ nán ma?

―― 很 好。／不 好。　　　 ―― 很 难。／不 难。
Hěn hǎo. Bù hǎo.　　　　　　Hěn nán. Bù nán.

▶ 肯定文はふつう "很" などの程度を表わす副詞を伴う。"很" は語調を整えるために加えられる
もので、強く発音しない限り、通常「とても」の意味を持たない。

2. 量 詞

物の数量をいうときは、量詞を用いる。　　数詞 + 量詞 + 名詞

一 个 人 （1人の人）　两 个 面包 （2つのパン）　三 杯 咖啡 （3杯のコーヒー）
yí ge rén　　　　　liǎng ge miànbāo　　　　sān bēi kāfēi

四 本 书 （4冊の本）　五 件 衣服 （5着の服）　六 张 票 （6枚のチケット）
sì běn shū　　　　　wǔ jiàn yīfu　　　　　liù zhāng piào

▶ 数量が「2」の場合、"二" ではなく、"两" を用いる。

■ 「この～・その～・あの～」のときは "这"／"那" + 数詞 + 量詞 + 名詞 の語順。

数量が「1」の場合、"一" は省略できる。

这 （一） 个 书包　　　那 （一） 本 书　　　这 两 张 票
zhè (yí) ge shūbāo　　　nà (yì) běn shū　　　zhè liǎng zhāng piào

3. 数量を尋ねる疑問詞 ―― "几" jǐ と "多少" duōshao

你 买 几 个 面包？ ―― 买 两 个。
Nǐ mǎi jǐ ge miànbāo?　　Mǎi liǎng ge.

你们 班 有 多少 学生？ ―― 有 二十 个。　　　*班 圏 クラス
Nǐmen bān yǒu duōshao xuésheng?　　Yǒu èrshí ge.

▶ "几" は10以下の答えが予想されるときに、"多少" は10以上の答えが予想されるときに用い
られる。"几" には量詞が必要となるが、"多少" はなくてもよい。

4 会 話

DL 60
DL 61

你 要 几 个？
Nǐ yào jǐ ge ?

李民： 这个 店， 你 常 来 吗？
Zhège diàn, nǐ cháng lái ma ?

高木： 对。 这儿 的 咖啡 很 便宜。
Duì. Zhèr de kāfēi hěn piányi.

李民： 那 我 喝 咖啡。
Nà wǒ hē kāfēi.

高木： 热狗 也 不 贵。 你 吃 吗？
Règǒu yě bú guì. Nǐ chī ma ?

李民： 吃。 多少 钱 一 个？
Chī. Duōshao qián yí ge ?

高木： 一百 五十 日元。 你 要 几 个？
Yìbǎi wǔshí Rìyuán. Nǐ yào jǐ ge ?

李民： 我 要 两 个。
Wǒ yào liǎng ge.

高木： (店員に) 买 两 杯 咖啡、 三 个 热狗。
Mǎi liǎng bēi kāfēi、 sān ge règǒu.

DL 59

单語

要 yào 動 欲しい、注文する　这个 zhège 代 この　　店 diàn 名 店　　来 lái 動 来る　　对 duì 形
そのとおりだ、正しい　　便宜 piányi 形 安い　　那 nà 接 それでは、それなら　　喝 hē 動 飲む
贵 guì 形 （値段が）高い　　吃 chī 動 食べる　　多少钱 duōshao qián いくら　　日元 riyuán 名 日本円

34

トレーニング 4 A

1 次のピンインを漢字に直し、さらに訳しましょう。　　　　　　DL 62

(1) Wǒ mǎi liǎng ge miànbāo. _____

(2) Zhège bú guì, hěn piányi. _____

(3) Duōshao qián yì bēi？ _____

2 量詞と名詞を用いて、日本語の意味に合うようにしましょう。

量詞	杯	本	个	件	张
	bēi	běn	ge	jiàn	zhāng

名詞	票	果汁	漫画	学生	衣服	汉堡包
	piào	guǒzhī	mànhuà	xuésheng	yīfu	hànbǎobāo

(1) 1杯のジュース

一 _____ _____

(2) 2着の服

両 _____ _____

(3) 3枚のチケット

三 _____ _____

(4) 4個のハンバーガー

四 _____ _____

(5) 5冊の漫画

五 _____ _____

(6) 6人の学生

六 _____ _____

3 絵を見ながら、音声の質問に中国語で答えましょう。　　　　　　DL 63

(1)

(2)

(3)

_____ _____ _____

全家照
Quánjiāzhào

这 是 大山 家 的 全家照： 爸爸、 妈妈、 两 个 哥哥 和 他。
Zhè shì Dàshān jiā de quánjiāzhào： bàba、 māma、 liǎng ge gēge hé tā.

他 大哥 是 公司 职员， 个子 很 高。 二哥 也 是 大学生，
Tā dàgē shì gōngsī zhíyuán, gèzi hěn gāo. Èrgē yě shì dàxuéshēng,

个子 也 很 高。 王 静 说：“ 你 的 两 个 哥哥 都 很
gèzi yě hěn gāo. Wáng Jìng shuō：“ Nǐ de liǎng ge gēge dōu hěn

帅 啊！” 大山 问：“ 那 我 呢？”
shuài a！” Dàshān wèn：“ Nà wǒ ne？”

単　語

全家照 quánjiāzhào 图　家族写真　　家 jiā 图　家、家庭　　爸爸 bàba 图　お父さん、父

妈妈 māma 图　お母さん、母　　哥哥 gēge 图　兄（姐姐 jiějie 图　姉、弟弟 dìdi 图　弟、妹妹 mèimei 图　妹）

大哥 dàgē 图　一番上の兄　　公司 gōngsī 图　会社　　职员 zhíyuán 图　職員　　个子 gèzi 图　身長

高 gāo 形　（高さが）高い　　二哥 èrgē 图　二番目の兄　　说 shuō 動　言う、話す

帅 shuài 形　（男性が）格好いい　　啊 a 助　〈感嘆の語気を表わす〉　　问 wèn 動　尋ねる

トレーニング 4 B

1 講読の内容に関する質問に、中国語で答えましょう。

(1) 大山 有 几 个 哥哥？
Dàshān yǒu jǐ ge gēge ?

(2) 大山 的 大哥 很 高，二哥 呢？
Dàshān de dàgē hěn gāo, èrgē ne ?

(3) 大山 的 两 个 哥哥 都 很 帅 吗？
Dàshān de liǎng ge gēge dōu hěn shuài ma ?

2 （　）に入る適切な疑問詞を下から選びましょう。

几　　哪个　　多少　　谁　　什么
jǐ 　　nǎge 　　duōshao 　　shéi 　　shénme

(1) 你 是 （　　　　） 年级 学生？
Nǐ shì níanjí xuésheng ?

(2) 王 静 的 朋友 是 （　　　　）？
Wáng Jìng de péngyou shì ?

(3) 你 的 手机 号码 是 （　　　　）？
Nǐ de shǒujī hàomǎ shì ?
*号码 和 番号

(4) 你 叫 （　　　　） 名字？
Nǐ jiào míngzi ?
*名字 和 名前

(5) 你 是 （　　　　） 大学 的？
Nǐ shì dàxué de ?

3 中国語に訳しましょう。

(1) このケーキはとてもおいしい。
*（食べ物が）おいしい："好吃" hǎochī

(2) 彼の背は高くない。

(3) あなたの大学はどのくらい学生がいますか。

② 吃 饭
chī fàn

③ 上课
shàngkè

① 起床
qǐchuáng

④ 打工
dǎgōng

⑧ 睡觉
shuìjiào

⑤ 回 家
huí jiā

⑦ 洗澡
xǐzǎo

⑥ 看 电视
kàn diànshì

DL 68

曜日・時刻					
曜日：	星期一 xīngqīyī （月曜日）	星期二 xīngqī'èr （火曜日）	星期三 …… xīngqīsān （水曜日）	星期六 xīngqīliù （土曜日）	星期天 xīngqītiān （日曜日）	星期 几？ Xīngqī jǐ？ （何曜日？）
～時：	一 点 yī diǎn （1時）	两 点 liǎng diǎn （2時）	三 点 …… sān diǎn （3時）	十一 点 shíyī diǎn （11時）	十二 点 shí'èr diǎn （12時）	几 点？ Jǐ diǎn？ （何時？）
～分：	十五 分（＝一 刻） shíwǔ fēn（＝yí kè） （15分）		三十 分（＝半） sānshí fēn（＝bàn） （30分）	四十五 分（＝三 刻） sìshiwǔ fēn（＝sān kè） （45分）		几 分？ Jǐ fēn？ （何分？）

1. 時を表わす語

DL 69

> 時を表わす語 ＋ 動詞（＋目的語）　　（いつ～する）

我　星期六　打工。　　　　　　　他　什么　时候　来　日本？　　＊什么时候　いつ
Wǒ　xīngqīliù　dǎgōng.　　　　　　Tā　shénme　shíhou　lái　Rìběn?

▶ 時を表わす語は、文頭に置くこともできる。　　星期六　我　打工。
　　　　　　　　　　　　　　　　　　　　　　　Xīngqīliù　wǒ　dǎgōng.

2. 時間量を表わす語

一　分钟　（1分間）　　　两　个　小时　（2時間）　　三　天　（3日間）
yì　fēnzhōng　　　　　liǎng　ge　xiǎoshí　　　sān　tiān

四　个　星期　（4週間）　　五　个　月　（5か月間）　　六　年　（6年間）
sì　ge　xīngqī　　　　　wǔ　ge　yuè　　　　　liù　nián

> 動詞 ＋ 時間量（＋目的語）　　（どのくらいの間～する）

我　看　三　个　小时　电视。　　　　我们　学　两　年　汉语。
Wǒ　kàn　sān　ge　xiǎoshí　diànshì.　　　Wǒmen　xué　liǎng　nián　Hànyǔ.

3. 反復疑問文

動詞や形容詞を「肯定 ＋ 否定」で表わす疑問文。

你们　喝　不　喝　咖啡？　　　　他　是　不　是　留学生？
Nǐmen　hē　bu　hē　kāfēi?　　　　Tā　shì　bu　shì　liúxuéshēng?

你　有　没有　电脑？　　　　　　你　忙　不　忙？　　＊忙 形 忙しい
Nǐ　yǒu　méiyǒu　diànnǎo?　　　　Nǐ　máng　bu　máng?

4. 介詞（1）── "在" zài ・ "从" cóng

> "在" ＋ 場所 ＋ 動詞　　（～で…する）

我　在　食堂　吃　饭。　　　　　他　在　便利店　买　盒饭。
Wǒ　zài　shítáng　chī　fàn.　　　　Tā　zài　biànlìdiàn　mǎi　héfàn.

> "从" ＋ 時間・場所 ＋ 動詞　　（～から…する）

图书馆　从　九　点　开始。　　　　她　从　北京　来。　　＊开始 動 始まる
Túshūguǎn　cóng　jiǔ　diǎn　kāishǐ.　　　Tā　cóng　Běijīng　lái.　　＊北京 图 北京

你　星期　几　打工？
Nǐ　xīngqī　jǐ　dǎgōng ?

高木： 你　星期　几　打工？
　　　 Nǐ　xīngqī　jǐ　dǎgōng ?

李民： 星期二、　四、　六　打工。
　　　 Xīngqī'èr、　sì、　liù　dǎgōng.

高木： 在　哪儿　打工？
　　　 Zài　nǎr　dǎgōng ?

李民： 在　一　家　超市。
　　　 Zài　yì　jiā　chāoshì.

高木： 从　几　点　开始？
　　　 Cóng　jǐ　diǎn　kāishǐ ?

李民： 从　两　点　到　晚上　十　点。
　　　 Cóng　liǎng　diǎn　dào　wǎnshang　shí　diǎn.

高木： 工作　八　个　小时，累　不　累？
　　　 Gōngzuò　bā　ge　xiǎoshí,　lèi　bu　lèi ?

李民： 不　累。我　喜欢　那儿　的　工作。
　　　 Bú　lèi.　Wǒ　xǐhuan　nàr　de　gōngzuò.

単 語

家 jiā 量 〈店を数える〉～軒　　超市 chāoshì 名　スーパーマーケット
到 dào 介　～まで（"从～到…"　～から…まで）　　晩上 wǎnshang 名　夜（↔ 早上 zǎoshang）
工作 gōngzuò 動　働く、名　仕事　　累 lèi 形　疲れている

トレーニング 5 A

1 次のピンインを漢字に直し、さらに訳しましょう。 DL 73

（1） Wǒ xīngqīsān、wǔ dǎgōng.

_____

（2） Nǐ měitiān gōngzuò jǐ ge xiǎoshí ?

_____

（3） Tā cháng zài chāoshì mǎi dōngxi.

_____

2 ［ ］内の語を加えて文を完成させ、さらに訳しましょう。

（1） 他 回 家。 ［ 九 点 ］
Tā huí jiā. jiǔ diǎn

_____

（2） 她 晚上 看 电视。 ［ 两 个 小时 ］
Tā wǎnshang kàn diànshì. liǎng ge xiǎoshí

_____

（3） 我 学 汉语。 ［ 在 大学 ］
Wǒ xué Hànyǔ. zài dàxué

_____

（4） 他 来。 ［ 从 体育馆 ］
Tā lái. cóng tǐyùguǎn

_____

3 絵を見ながら、音声の質問に中国語で答えましょう。 DL 74

（1）

（2）

（3）

_____   _____   _____

踢　足球
Tī　zúqiú

大山　每天　早上　五　点　半　起床，六　点　去　学校。
Dàshān měitiān zǎoshang wǔ diǎn bàn qǐchuáng, liù diǎn qù xuéxiào.

他　先　在　球场　踢　一　个　半　小时　足球，下午　下课　后
Tā xiān zài qiúchǎng tī yí ge bàn xiǎoshí zúqiú, xiàwǔ xiàkè hòu

也　踢。从　星期一　到　星期五，他　每天　踢　四　个　多　小时。
yě tī. Cóng xīngqīyī dào xīngqīwǔ, tā měitiān tī sì ge duō xiǎoshí.

王　静　非常　担心　他　的　身体，常　问："你　累　不　累？"
Wáng Jìng fēicháng dānxīn tā de shēntǐ, cháng wèn : "Nǐ lèi bu lèi ?"

単 / 語

踢 tī 動 蹴る、（サッカーを）する　　足球 zúqiú 名 サッカー　　早上 zǎoshang 名 朝（↔ 晚上 wǎnshang）

先 xiān 副 まず、先に　　球场 qiúchǎng 名 球技場、グラウンド　　下课 xiàkè 動 授業が終わる

后 hòu 名 〜のあと（↔ 前 qián）　　多 duō 数 〜あまり、〜以上　　非常 fēicháng 副 非常に

担心 dānxīn 動 心配する、気づかう　　身体 shēntǐ 名 体

トレーニング　5　B

1　講読の内容に関する質問に、中国語で答えましょう。

(1) 大山　每天　几　点　起床？
　　Dàshān měitiān jǐ diǎn qǐchuáng？
　　_____

(2) 大山　每天　在　哪儿　踢　足球？
　　Dàshān měitiān zài nǎr tī zúqiú？
　　_____

(3) 大山　一　个　星期　踢　几　天　足球？
　　Dàshān yí ge xīngqī tī jǐ tiān zúqiú？
　　_____

2　日本語を参考に、語を並べ替えましょう。

(1) 彼女は明日来ません。

　　不　　她　　来　　明天　　*明天 图 明日
　　bù　tā　lái　míngtiān

　　_____

(2) あなたはハンバーガーを食べますか。

　　不　　你　　汉堡包　　吃　　吃
　　bù　nǐ　hànbǎobāo　chī　chī

　　_____

(3) 私の父は食品会社で働いています。

　　我　　公司　　爸爸　　在　　工作　　食品　　*食品 图 食品
　　wǒ　gōngsī　bàba　zài　gōngzuò　shípǐn

　　_____

3　中国語に訳しましょう。

(1) 今日私は7時に家に帰ります。　_____

(2) 私は中国語を1年間学びます。　_____

(3) 午後の授業は何時から始まりますか。　_____

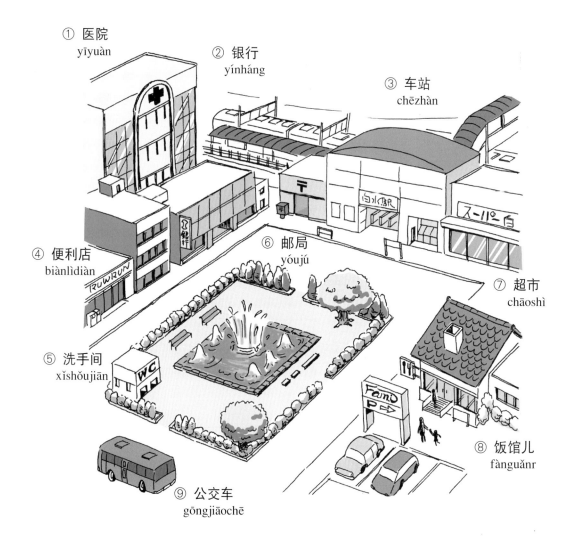

① 医院
yīyuàn

② 银行
yínháng

③ 车站
chēzhàn

④ 便利店
biànlìdiàn

⑥ 邮局
yóujú

⑦ 超市
chāoshì

⑤ 洗手间
xǐshǒujiān

⑧ 饭馆儿
fànguǎnr

⑨ 公交车
gōngjiāochē

■ 北京の交通事情 ■

　北京市内の移動には、路線バス（"公交车" gōngjiāochē）、タクシー（"出租车" chūzūchē）、地下鉄（"地铁" dìtiě）などがあります。時間に余裕があれば、庶民（"老百姓" lǎobǎixìng）が多く利用する経済的なバス、そうでなければ手軽で便利なタクシーの利用が最適です。しかし、いずれも時間帯によっては渋滞（"堵车" dǔchē）に巻き込まれる恐れがあり、その点、地下鉄は最も確実な移動手段です。ただし、改札前に手荷物検査があり、通勤時間帯は乗車する（"上车" shàngchē）までに時間がかかります。

1. 「完了」を表わす "了" le   DL 79

動詞 （＋ 目的語）＋ "了"   （～ した）

肯定文： 我　买　了。　　　　　　我　买　书　了。
　　　　Wǒ　mǎi　le.　　　　　　Wǒ　mǎi　shū　le.

▶ 否定文は、"没(有)" を用い、"了" を付けない。

否定文： 我　没(有)　买。　　　　我　没(有)　买　书。
　　　　Wǒ　méi (you)　mǎi.　　Wǒ　méi (you)　mǎi　shū.

疑問文： 你　买　了　吗？　　　　你　买　书　了　吗？
　　　　Nǐ　mǎi　le　ma？　　　Nǐ　mǎi　shū　le　ma？

　　　　── 买　了。　　　　　　── 买　书　了。
　　　　　　Mǎi　le.　　　　　　　Mǎi　shū　le.

　　　　── 没(有)　买。　　　　── 没(有)　买　书。
　　　　　　Méi (you)　mǎi.　　　Méi (you)　mǎi　shū.

■ 数量、時間量などを表わす語がある場合、"了" は動詞のすぐ後に付ける。

我　买　了　一　本　书。　　　他　休息　了　两　天。
Wǒ　mǎi　le　yì　běn　shū.　　Tā　xiūxi　le　liǎng　tiān.

*休息 動 休む、休憩する

2. 「所在」を表わす "在" zài

人・物 ＋ "在" ＋ 場所   （… は ～ にいる・～ にある）

他们　在　车站。　　　　　我　家　在　东京。　　　*东京 図 東京
Tāmen　zài　chēzhàn.　　　Wǒ　jiā　zài　Dōngjīng.

她　不　在　这儿。　　　　洗手间　在　哪儿？
Tā　bú　zài　zhèr.　　　　Xǐshǒujiān　zài　nǎr？

3. 介詞 (2) ── "离" lí

"离" ＋ 場所 ＋ "远" ／ "近"   （～ から遠い／近い）   *远 形 遠い
　　　　　　　　　　　　　　　　　　　　　　　　　　　*近 形 近い

我　家　离　超市　很　近。　　　银行　离　车站　不　远。
Wǒ　jiā　lí　chāoshì　hěn　jìn.　　Yínháng　lí　chēzhàn　bù　yuǎn.

▶ 比較："离" と "从"
　　"离" が「(2点間の距離をいうときの) ～から」を表わすのに対し、"从" は「(ある
　　時間・場所を起点としての) ～から」(p. 39) を表わす。

我们　从　这儿　走。　　（私たちはここから出発する。）　*走 動 出発する
Wǒmen　cóng　zhèr　zǒu.

45

今天 的 课 都 完 了 吗？
Jīntiān de kè dōu wán le ma ?

高木： 今天 的 课 都 完 了 吗？
Jīntiān de kè dōu wán le ma ?

李民： 还 没有。 还 有 第 五 节。
Hái méiyou. Hái yǒu dì wǔ jié.

高木： 我 已经 下课 了。 现在 回 家。
Wǒ yǐjīng xiàkè le. Xiànzài huí jiā.

李民： 你 家 离 学校 远 不 远？
Nǐ jiā lí xuéxiào yuǎn bu yuǎn ?

高木： 很 远。 到 学校 要 两 个 小时。
Hěn yuǎn. Dào xuéxiào yào liǎng ge xiǎoshí.

李民： 你 每天 几 点 起床？
Nǐ měitiān jǐ diǎn qǐchuáng ?

高木： 六 点。 你 家 在 哪儿？
Liù diǎn. Nǐ jiā zài nǎr ?

李民： 我 家 在 学校 附近。
Wǒ jiā zài xuéxiào fùjìn.

两个小时

単 語

完 wán 動 終わる　　还 hái 副 （依然として）まだ　　第 dì 接頭 第〜　　节 jié 量 〈授業を数える〉〜時限

已经 yǐjīng 副 もう、すでに　　现在 xiànzài 名 今　　要 yào 動 （時間や費用が）かかる

トレーニング　6　A

1　次のピンインを漢字に直し、さらに訳しましょう。　　　　　　　　　　DL 83

(1) Tā yǐjīng huí jiā le.　　————————————————————

(2) Tāmen hái méiyou xiàkè.　————————————————————

(3) Nǐmen xuéxiào zài nǎr?　　————————————————————

2　各文の適切な位置に"了"を加え、さらに訳しましょう。

(1) 他　去　邮局。
　　Tā　qù　yóujú.

　————————————————————————————————————

(2) 我　借　两　本　小说。
　　Wǒ　jiè　liǎng　běn　xiǎoshuō.

　————————————————————————————————————

(3) 你　今天　学　多　长　时间　汉语？　　＊多长时间　どのくらい長い時間
　　Nǐ　jīntiān　xué　duō　cháng　shíjiān　Hànyǔ?

　————————————————————————————————————

3　絵を見ながら、音声の質問に中国語で答えましょう。　　　　　　　　DL 84

(1)　　　　　　　　　　　(2)　　　　　　　　　　　(3)

————————————　　　————————————　　　————————————

唱 卡拉OK
Chàng   kǎlā OK

昨天 　　晚上，　大山　和　王　静　去　卡拉OK　了。　卡拉OK
Zuótiān　wǎnshang,　Dàshān　hé　Wáng　Jìng　qù　kǎlā OK　le.　　Kǎlā OK

店　在　新宿，　离　车站　很　近。　那儿　的　房间费　很　便宜，
diàn　zài　Xīnsù,　lí　chēzhàn　hěn　jìn.　Nàr　de　fángjiānfèi　hěn　piányi,

饮料　也　免费。　他们　一边儿　唱　歌儿，　一边儿　聊天儿、　喝　饮料，
yǐnliào　yě　miǎnfèi.　Tāmen　yìbiānr　chàng　gēr,　　yìbiānr　liáotiānr、　hē　yǐnliào,

大山　还　学　了　一　首　中国　歌儿。　他们　一共　唱　了　三
Dàshān　hái　xué　le　yì　shǒu　Zhōngguó　gēr.　Tāmen　yígòng　chàng　le　sān

个　多　小时，　过　了　一　个　*愉快　的　夜晚。
ge　duō　xiǎoshí,　guò　le　yí　ge　yúkuài　de　yèwǎn.

> ＊"愉快的夜晚"（楽しい夜）のように、形容詞で名詞を修飾するときには"的"をともなって、「形容詞
> ＋"的"＋名詞」の語順で表わすことが多い。

単 語

唱 chàng 動 歌う　　卡拉OK kǎlā OK 名 カラオケ　　昨天 zuótiān 名 昨日　　新宿 Xīnsù 名 新宿
房间费 fángjiānfèi 名 部屋代　　免费 miǎnfèi 動 無料にする　　一边儿～一边儿… yìbiānr～yìbiānr…
～しながら…する　　歌儿 gēr 名 歌　　聊天儿 liáotiānr 動 おしゃべりする、雑談する
首 shǒu 量〈歌や詩を数える〉～曲、～首　　一共 yígòng 副 全部で　　过 guò 動 過ごす
愉快 yúkuài 形 楽しい　　夜晚 yèwǎn 名〈書き言葉〉夜

トレーニング 6 B

1 講読の内容に関する質問に、中国語で答えましょう。

(1) 大山 和 王 静 去 哪儿 了？
　　Dàshān hé Wáng Jìng qù nǎr le ?

(2) 卡拉OK 店 离 车站 近 不 近？
　　Kǎlā OK diàn lí chēzhàn jìn bu jìn ?

(3) 大山 学 了 几 首 中国 歌儿？
　　Dàshān xué le jǐ shǒu Zhōngguó gēr ?

2 〔　〕の日本語に従って、次の文を書き換えましょう。

　　　　我们 唱 歌儿 了。
　　　　Wǒmen chàng gēr le.

(1) 〔私たちは歌を歌わなかった。〕

(2) 〔私たちは歌を2曲歌った。〕

(3) 〔私たちは4時間あまり歌を歌った。〕

3 中国語に訳しましょう。

(1) 彼女は家にいますか。

(2) 駅はここからとても遠い。

(3) 彼はパソコンを買ったが、私は買わなかった。

① 食堂 shítáng

④ 沙拉 shālā

③ 筷子 kuàizi

② 杯子 bēizi

⑤ 面条 miàntiáo

⑥ 咖喱饭 gālífàn

⑦ 套餐 tàocān

⑧ 炒饭 chǎofàn

⑨ 意大利面 yìdàlìmiàn

■ **中国人の食習慣** ■

　中国人は火を通していないものは不衛生という考えから、冷えた食べ物や生ものは避けます。野菜（"蔬菜" shūcài）は基本的に炒める（"炒" chǎo）か、茹でる（"煮" zhǔ）かして食べます。日本の刺身（"生鱼片" shēngyúpiàn）は例外として、コンビニのおにぎり（"饭团" fàntuán）もレンジで温めます。また、ギョーザ（"饺子" jiǎozi）といえば、日本では主に焼いておかずにしますが、中国では茹でて主食（"主食" zhǔshí）とし、白米や麺類とは決して一緒には食べません。

1. 連動文

DL 89

連動文とは、1つの主語に対して2つ以上の動詞が連用される文を言う。動詞は動作が行われる順に並べ、後の動詞が前の動詞の表わす動作の目的を表わす。

主語 ＋ **動詞**（＋ 目的語）＋ **動詞**（＋ 目的語）　　（～して…する）

他　来　学习。　　　　　　他　来　日本　学习。　　＊学习 動 勉強する
Tā　lái　xuéxí.　　　　　　Tā　lái　Rìběn　xuéxí.

我　去　吃　面条。　　　　我　去　食堂　吃　面条。
Wǒ　qù　chī　miàntiáo.　　Wǒ　qù　shítáng　chī　miàntiáo.

▶ 否定文は、"不"／"没(有)" を最初の動詞の前に置く。　我　不　去　食堂　吃　面条。
　　　　　　　　　　　　　　　　　　　　　　　　　Wǒ　bú　qù　shítáng　chī　miàntiáo.

▶ 連動文はこの他に、前の動詞が後の動詞の方式・手段を表わすものもある（～の状態で…する）。

我　每天　坐　电车　去　学校。　　＊坐 動 （乗り物に）乗る
Wǒ　měitiān　zuò　diànchē　qù　xuéxiào.　　＊电车 图 電車

2. 助動詞（1）── "想" xiǎng ・"要" yào

"想" ／ "要" ＋ 動詞（＋ 目的語）

〈想〉　　　我　想　买　手机。　　　　我　不　想　买　手机。
（～したい）　Wǒ　xiǎng　mǎi　shǒujī.　　Wǒ　bù　xiǎng　mǎi　shǒujī.

〈要〉　　　他　要　打工。　　　　　　他　不用　打工。
（～しなければ　Tā　yào　dǎgōng.　　　　Tā　búyòng　dǎgōng.
ならない）

▶ "要" の文の否定は "不要" でなく、**"不用"**（～しなくてもよい）を用いる。

▶ 反復疑問文は、助動詞 "想"・"要" を「肯定＋否定」で表わす。　你　要　不　要　打工？
　　　　　　　　　　　　　　　　　　　　　　　　　　　　　Nǐ　yào　bu　yào　dǎgōng？

3. 文末の助詞 "吧" ba

(1) 〈勧誘・提案〉 ～しましょう、～してください

我们　回　家　吧。　　　　　你　明天　来　吧。
Wǒmen　huí　jiā　ba.　　　　Nǐ　míngtiān　lái　ba.

(2) 〈推量・確認〉 ～でしょう

她　大概　是　中国人　吧。　　　　他　还　在　学校　吧？
Tā　dàgài　shì　Zhōngguórén　ba.　　Tā　hái　zài　xuéxiào　ba？

＊大概 副 たぶん

4. 選択疑問の "还是" háishi （それとも）

你　喝　咖啡，还是　喝　红茶？　　　你　去，还是　我　去？
Nǐ　hē　kāfēi,　háishi　hē　hóngchá？　　Nǐ　qù,　háishi　wǒ　qù？

＊红茶 图 紅茶

你 吃 饭 了 吗？
Nǐ chī fàn le ma?

DL 91
DL 92

李民： 喂， 你 吃 饭 了 吗？
Wéi, nǐ chī fàn le ma?

高木： 还 没 吃。
Hái méi chī.

李民： 咱们 一起 去 吃 吧。
Zánmen yìqǐ qù chī ba.

高木： 好 啊。 去 食堂， 还是 去 快餐店？
Hǎo a. Qù shítáng, háishi qù kuàicāndiàn?

李民： 我 想 吃 面条。
Wǒ xiǎng chī miàntiáo.

高木： 那 要 去 食堂。 我 吃 炒饭。
Nà yào qù shítáng. Wǒ chī chǎofàn.

李民： 那 咱们 去 食堂 吃 吧。
Nà zánmen qù shítáng chī ba.

高木： 好。 我 在 食堂 门口 等 你。
Hǎo. Wǒ zài shítáng ménkǒu děng nǐ.

DL 90

単　語

喂 wéi 感 もしもし（本来第4声だが、電話の呼びかけは第2声になることが多い）

咱们 zánmen 代 （聞き手を含む）私たち　　一起 yìqǐ 副 一緒に　　好 hǎo 形 よろしい、OK

啊 a 助 〈語気を和らげる〉　　快餐店 kuàicāndiàn 名 ファストフード店　　门口 ménkǒu 名 出入口

等 děng 動 待つ

トレーニング 7 A

1 次のピンインを漢字に直し、さらに訳しましょう。　　　　　　　　　DL 93

(1) Tā qù mǎi shū le.　　　＿＿＿＿＿＿＿＿＿＿＿＿＿＿＿＿＿＿＿＿

(2) Nǐ chī miàntiáo, háishi chī chǎofàn ?　＿＿＿＿＿＿＿＿＿＿＿＿＿＿

(3) Zánmen zài shítáng děng tā ba.　　＿＿＿＿＿＿＿＿＿＿＿＿＿＿＿

2 [ ] の語を加えて文を完成させ、さらに訳しましょう。

(1) 他们　来　日本。　　　　　[工作]
　　Tāmen lái Rìběn.　　　　　gōngzuò

　　＿＿＿＿＿＿＿＿＿＿＿＿＿＿＿＿＿＿＿＿＿＿＿＿＿＿＿＿＿＿＿＿＿

(2) 我　去　吃　饭。　　　　　[饭馆儿]
　　Wǒ qù chī fàn.　　　　　　fànguǎnr

　　＿＿＿＿＿＿＿＿＿＿＿＿＿＿＿＿＿＿＿＿＿＿＿＿＿＿＿＿＿＿＿＿＿

(3) 下午　我　上课。　　　　　[要]
　　Xiàwǔ wǒ shàngkè.　　　　yào

　　＿＿＿＿＿＿＿＿＿＿＿＿＿＿＿＿＿＿＿＿＿＿＿＿＿＿＿＿＿＿＿＿＿

(4) 我　不　打工。　　　　　　[想]
　　Wǒ bù dǎgōng.　　　　　　xiǎng

　　＿＿＿＿＿＿＿＿＿＿＿＿＿＿＿＿＿＿＿＿＿＿＿＿＿＿＿＿＿＿＿＿＿

3 絵を見ながら、音声の質問に中国語で答えましょう。　　　　　　　DL 94

(1)

(2)

(3)

＿＿＿＿＿＿＿＿＿＿　　＿＿＿＿＿＿＿＿＿＿　　＿＿＿＿＿＿＿＿＿＿

去　海边儿
Qù　hǎibiānr

DL 96
DL 97

明天　是　红　日子，　不用　上学。　大山　问　王　静：
Míngtiān shì hóng rìzi, búyòng shàngxué. Dàshān wèn Wáng Jìng :

"明天　有　没有　事儿？"王　静　说："没有。　咱们　一起　去
" Míngtiān yǒu méiyǒu shìr ? " Wáng Jìng shuō : " Méiyǒu. Zánmen yìqǐ qù

玩儿　吧。"大山　问："你　想　去　海边儿，还是　想　去　游乐园？"
wánr ba. " Dàshān wèn : " Nǐ xiǎng qù hǎibiānr, háishi xiǎng qù yóulèyuán ? "

王　静　说："天气　太　热，　去　海边儿　游泳　吧。"　大山　说：
Wáng Jìng shuō : " Tiānqì tài rè, qù hǎibiānr yóuyǒng ba. " Dàshān shuō :

"好，咱们　去　湘南。　那儿　很　美。"
" Hǎo, zánmen qù Xiāngnán. Nàr hěn měi ."

DL 95

単／語

海边儿 hǎibiānr 图 海岸　　红 hóng 形 赤い　　日子 rìzi 图 日にち（"红日子"祝日）
上学 shàngxué 動 学校へ行く　　事儿 shìr 图 用事　　玩儿 wánr 動 遊ぶ
游乐园 yóulèyuán 图 遊園地　　天气 tiānqì 图 天気　　太 tài 副 あまりに、〜しすぎる　　热 rè 形 暑い
（↔ 冷 lěng）　游泳 yóuyǒng 動 泳ぐ　　湘南 Xiāngnán 图 湘南　　美 měi 形 美しい、きれい

トレーニング 7 B

1 講読の内容に関する質問に、中国語で答えましょう。

(1) 王　　静　　明天　有　没有　　事儿？
　　Wáng　Jìng　míngtiān　yǒu　méiyǒu　　shìr？
　　＿＿＿＿＿＿＿＿＿＿＿＿＿＿＿＿＿＿＿

(2) 王　　静　想　去　海边儿，还是　想　去　游乐园？
　　Wáng　Jìng　xiǎng　qù　hǎibiānr，　háishi　xiǎng　qù　yóulèyuán？
　　＿＿＿＿＿＿＿＿＿＿＿＿＿＿＿＿＿＿＿

(3) 大山　　和　王　静　去　哪儿　游泳？
　　Dàshān　hé　Wáng　Jìng　qù　nǎr　yóuyǒng？
　　＿＿＿＿＿＿＿＿＿＿＿＿＿＿＿＿＿＿＿

2 日本語を参考に、語を並べ替えましょう。

(1) 北京の夏は暑いでしょう？

　　吧　　的　　热　　很　　北京　　夏天　　＊夏天 🔁 夏
　　ba　　de　　rè　　hěn　　Běijīng　　xiàtiān

　　＿＿＿＿＿＿＿＿＿＿＿＿＿＿＿＿＿＿＿＿＿＿＿＿＿

(2) 私はファストフード店で働きたい。

　　我　　在　　想　　工作　　快餐店
　　wǒ　　zài　　xiǎng　　gōngzuò　　kuàicāndiàn

　　＿＿＿＿＿＿＿＿＿＿＿＿＿＿＿＿＿＿＿＿＿＿＿＿＿

(3) 私たちはディズニーランドへ遊びに行きましょう。

　　吧　　去　　玩儿　　咱们　　迪士尼　乐园　　＊迪士尼乐园 🔁 ディズニーランド
　　ba　　qù　　wánr　　zánmen　　Díshìní　lèyuán

　　＿＿＿＿＿＿＿＿＿＿＿＿＿＿＿＿＿＿＿＿＿＿＿＿＿

3 中国語に訳しましょう。

(1) あなたは辞書を引かなければなりません。　＿＿＿＿＿＿＿＿＿＿＿＿＿＿＿＿＿＿＿
　　　　＊（辞書などで）調べる：“查”chá

(2) 私は飲み物を買いに行きます。　＿＿＿＿＿＿＿＿＿＿＿＿＿＿＿＿＿＿＿

(3) 彼は午前中に来ますか、それとも午後に来ますか。　＿＿＿＿＿＿＿＿＿＿＿＿＿＿＿
　　　　＊午前：“上午”shàngwǔ

③ 听 音乐
tīng yīnyuè

② 看 书
kàn shū

① 爱好
àihào

④ 看 电影
kàn diànyǐng

⑧ 玩儿 电子 游戏
wánr diànzǐ yóuxì

⑤ 爬 山
pá shān

⑦ 旅游
lǚyóu

⑥ 购物
gòuwù

位置を表わす語

上边儿 (上)	里边儿 (中)	前边儿 (前)	左边儿 (左)	旁边儿 (そば、横)
shàngbianr	lǐbianr	qiánbianr	zuǒbianr	pángbiānr
下边儿 (下)	外边儿 (外)	后边儿 (後ろ)	右边儿 (右)	对面 (向かい)
xiàbianr	wàibianr	hòubianr	yòubianr	duìmiàn

▶ 位置を表わす語は、名詞に直接付けて用いることもできる。「～の上」「～の中」の場合、
"～上" "～里" だけでもよい。軽声で読む。

桌子　上边儿 (机の上) ➝ 桌子　上
zhuōzi shàngbianr　　　　zhuōzi shang

1. 「経験」を表わす "过" guo

DL 100

> 動詞 ＋ "过"（＋ 目的語）　　（～ したことがある）

肯定文：我　看过　京剧。 *京剧 図 京劇　　　他　去过　上海。 *上海 図 上海
　　　　Wǒ　kànguo　jīngjù.　　　　　　　　Tā　qùguo　Shànghǎi.

▶ 否定文は、"没(有)" を用いる。

否定文：我　没(有)　看过　京剧。　　　　他　没(有)　去过　上海。
　　　　Wǒ　méi(you)　kànguo　jīngjù.　　　　Tā　méi(you)　qùguo　Shànghǎi.

疑問文：你　看过　京剧　吗？　　　　　　他　去过　上海　吗？
　　　　Nǐ　kànguo　jīngjù　ma?　　　　　　Tā　qùguo　Shànghǎi　ma?

　　　　── 看过。／ 没(有)　看过。　　　── 去过。／ 没(有)　去过。
　　　　　　Kànguo.　Méi (you)　kànguo.　　　　Qùguo.　Méi (you)　qùguo.

■ 回数、時間量などを表わす語は、"过" のすぐ後に付ける。

我　看过　两　次　京剧。　　　　他　在　北京　工作过　七　年。
Wǒ　kànguo　liǎng　cì　jīngjù.　　　Tā　zài　Běijīng　gōngzuòguo　qī　nián.

　　　　　　*次 量 ～回

2. 介詞 (3) ── "跟" gēn（～と）・ "给" gěi（～に）

我　跟　姐姐　去　旅游。　　　我　晚上　给　你　打　电话。
Wǒ　gēn　jiějie　qù　lǚyóu.　　　Wǒ　wǎnshang　gěi　nǐ　dǎ　diànhuà.

　　　　　　　　　　　　　　*打 動 (電話を) かける
　　　　　　　　　　　　　　*电话 図 電話

3. 「存在」を表わす "有" yǒu

> 場所 ＋ "有" ＋ 人・物　　（…に～がいる／ある）

那儿　有　很　多　人。　　　　桌子　上　没(有)　电脑。
Nàr　yǒu　hěn　duō　rén.　　　　Zhuōzi　shang　méi (yǒu)　diànnǎo.

　　　　　　*很多 多くの～

▶ 場所が先行する場合は "有" を用いるが、人・物が先行する場合は "在" を用いる（p.45）。

4. 動詞の重ね型

请　等等。　　　　　我们　休息休息　吧。
Qǐng　děngdeng.　　　Wǒmen　xiūxixiuxi　ba.

▶ 「ちょっと ～する」、「～してみる」の意味で用いられ、やわらかい言い方になる。

▶ 動詞の後に "一下" を付けた表現も、これと同様の意味で用いられる。

请　等　一下。　　我们　休息　一下　吧。 *一下 数量 ちょっと(～する)
Qǐng　děng　yíxià.　　Wǒmen　xiūxi　yíxià　ba.

你 爬过 富士山 吗？
Nǐ　páguo　Fùshìshān　ma？

高木：李 民， 你 爬过 富士山 吗？
　　　Lǐ　Mín,　nǐ　páguo　Fùshìshān　ma？

李民：没 爬过。 我 很 想 爬 一 次。
　　　Méi　páguo.　Wǒ　hěn　xiǎng　pá　yí　cì.

高木：周末 跟 我 去 爬， 怎么样？
　　　Zhōumò　gēn　wǒ　qù　pá,　zěnmeyàng？

李民：太 好 了！ 山 上 还 有 雪 吗？
　　　Tài　hǎo　le！　Shān　shang　hái　yǒu　xuě　ma？

高木：没有 雪。 你 想 怎么 去？
　　　Méiyǒu　xuě.　Nǐ　xiǎng　zěnme　qù？

李民：我 还 没 坐过 日本 的 大巴。
　　　Wǒ　hái　méi　zuòguo　Rìběn　de　dàbā.

高木：想 坐坐， 是 吗？
　　　Xiǎng　zuòzuo,　shì　ma？

李民：是。 你 决定 吧， 然后 给 我 打 电话。
　　　Shì.　Nǐ　juédìng　ba,　ránhòu　gěi　wǒ　dǎ　diànhuà.

単語

富士山 Fùshìshān 图 富士山　　周末 zhōumò 图 週末
怎么样 zěnmeyàng 贬 （同意を求めるときの）どうですか　　太～了 tài～le あまりに～だ
雪 xuě 图 雪　　怎么 zěnme 贬〈方法を問う〉どのようにして　　大巴 dàbā 图 長距離バス
是吗 shì ma そうですか　　决定 juédìng 勔 決める　　然后 ránhòu 屆 その後、それから

トレーニング 8 A

1 次のピンインを漢字に直し、さらに訳しましょう。　　　　　DL 104

（1） Tāmen hái méi páguo Fùshìshān.　　_____

（2） Gēn wǒ yìqǐ qù, zěnmeyàng ?　　_____

（3） Zhōumò wǒ gěi nǐ dǎ diànhuà ba.　_____

2 （ ）に "有"、"在" のいずれか適切なものを入れ、さらに訳しましょう。

（1） 她 不 （ 　　　 ） 家。
　　 Tā bù　　　　　　 jiā.

　　 _____

（2） 教室 里 （ 　　　 ） 十 多 个 学生。
　　 Jiàoshì li　　　　 shí duō ge xuésheng.

　　 _____

（3） 超市 （ 　　　 ） 车站 旁边儿。
　　 Chāoshì　　　　 chēzhàn pángbiānr.

　　 _____

（4） 这 附近 没 （ 　　　 ） 便利店。
　　 Zhè fùjìn méi　　　　 biànlìdiàn.

　　 _____

3 絵を見ながら、音声の質問に中国語で答えましょう。　　　　DL 105

（1）　　　　　　　　　　（2）　　　　　　　　　　（3）

_____　　　_____　　　_____

喜欢　北京
Xǐhuan　Běijīng

大山　对　中国　的　历史　很　感　兴趣，　可是　他　还　没
Dàshān　duì　Zhōngguó　de　lìshǐ　hěn　gǎn　xìngqù,　kěshì　tā　hái　méi

去过　中国。　他　最　想　去　北京，　因为　北京　有　长城、
qùguo　Zhōngguó.　Tā　zuì　xiǎng　qù　Běijīng,　yīnwèi　Běijīng　yǒu　Chángchéng、

故宫、　天坛、　颐和园　等　很　多　名胜　古迹。　这些　名胜
Gùgōng、　Tiāntán、　Yíhéyuán　děng　hěn　duō　míngshèng　gǔjì.　Zhèxiē　míngshèng

古迹 *也　都　是　世界　遗产，　他　想　亲眼　看看。
gǔjì　yě　dōu　shì　shìjiè　yíchǎn,　tā　xiǎng　qīnyǎn　kànkan.

他　想　给　王　静　发　短信，　对　她　说　春假　想　跟　她
Tā　xiǎng　gěi　Wáng　Jìng　fā　duǎnxìn,　duì　tā　shuō　chūnjià　xiǎng　gēn　tā

一起　去　北京　玩儿玩儿，　可是　不　好意思。
yìqǐ　qù　Běijīng　wánrwanr,　kěshì　bù　hǎoyìsi.

　＊ 副詞"也"、"都"を一緒に用いる場合、"也都～"の語順となる。

単語

对 duì 圀 ～に対して、～について　　历史 lìshǐ 圀 歴史　　感兴趣 gǎn xìngqù 興味を覚える

可是 kěshì 圀 しかし　　因为 yīnwèi 圀 なぜなら、～なので　　长城 Chángchéng 圀 万里の長城

故宫 Gùgōng 圀 故宮　　天坛 Tiāntán 圀 天壇　　颐和园 Yíhéyuán 圀 頤和園　　等 děng 圀 ～など

名胜古迹 míngshèng gǔjì 圀 名所旧跡　　世界遗产 shìjiè yíchǎn 圀 世界遺産

亲眼 qīnyǎn 圀 自分の目で　　发 fā 圀 （メールを）送る　　短信 duǎnxìn 圀 携帯メール

春假 chūnjià 圀 春休み　　不好意思 bù hǎoyìsi 気恥ずかしい

トレーニング 8 B

1 講読の内容に関する質問に、中国語で答えましょう。

(1) 大山　去过　中国　吗？
　　Dàshān qùguo Zhōngguó ma？ _____

(2) 大山　想　亲眼　看看　什么？
　　Dàshān xiǎng qīnyǎn kànkan shénme？ _____

(3) 大山　想　跟　谁　一起　去　北京？
　　Dàshān xiǎng gēn shéi yìqǐ qù Běijīng？ _____

2 （　）に適切な介詞を下から選んで入れ、さらに訳しましょう。

　　　　　　从　　　给　　　离　　　在　　　跟
　　　　　cóng　　gěi　　　lí　　　zài　　　gēn

(1) 我　（　　　　）你　打　电话　吧。
　　Wǒ nǐ dǎ diànhuà ba.

(2) 我　想　（　　　　）朋友　一起　去　看看　电影。
　　Wǒ xiǎng péngyou yìqǐ qù kànkan diànyǐng.

(3) 王　静　家　（　　　）学校　很　近。
　　Wáng Jìng jiā xuéxiào hěn jìn.

(4) 我们　（　　　）台湾　玩儿　了　四　天。　　　　＊台湾 🖾 台湾
　　Wǒmen Táiwān wánr le sì tiān.

(5) （　　　）北京　到　上海　要　五　个　小时。
　　Běijīng dào Shànghǎi yào wǔ ge xiǎoshí.

3 中国語に訳しましょう。

(1) あなたはパンダを見たことがありますか。 _____
　　　＊パンダ："熊猫" xióngmāo

(2) 私はまだ北京ダックを食べたことがありません。 _____
　　　＊北京ダック："北京烤鸭" Běijīng kǎoyā

(3) 駅の向かいにスーパーが1軒あります。 _____

① 好吃 hǎochī
② 好喝 hǎohē
③ 麻婆 豆腐 mápó dòufu
④ 汤 tāng
⑤ 乌龙茶 wūlóngchá
⑥ 啤酒 píjiǔ
⑦ 回锅肉 huíguōròu
⑧ 饺子 jiǎozi
⑨ 杏仁 豆腐 xìngrén dòufu
⑩ 青椒 肉丝 qīngjiāo ròusī

■ 中国料理 ■

　中国料理（"中国菜" Zhōngguó cài）の名前には、食材をはじめ調理法、包丁の入れ方などが盛り込まれています。例えば、"青椒肉丝"であれば、ピーマン（"青椒" qīngjiāo）と豚肉（"猪肉" zhūròu）を細切り（"丝" sī）にした炒め物（"炒菜" chǎocài）です。　中国料理の味は地域によって異なり、北京は塩辛い（"咸" xián）、四川は辛い（"辣" là）、上海は甘い（"甜" tián）のが特徴です。脂っこい（"油腻" yóunì）料理だけでなく、あっさりしている（"清淡" qīngdàn）料理も多くあり、大連や広東などでは海鮮（"海鲜" hǎixiān）を使った料理が有名です。

1. 「動作の進行」を表わす "在" zài と "呢" ne

`DL` 110

> "在" ＋動詞（＋目的語）＋ "呢"　　（〜している）

他 在 做 饭 呢。
Tā zài zuò fàn ne.

他 在 做 饭。
Tā zài zuò fàn.

他 做 饭 呢。
Tā zuò fàn ne.

*做 動 作る

▶ "在"、"呢" のいずれか一方を用いるだけでもよい。

▶ 否定文は "没" を用いる。
他 没 在 做 饭。
Tā méi zài zuò fàn.

2. 主述述語文

> 主語 ＋ 述語（主語 ＋ 述語）　　（… は 〜 が … だ）

今天 天气 很 热。
Jīntiān tiānqì hěn rè.

哪 家 店 麻婆 豆腐 最 好吃？
Nǎ jiā diàn mápó dòufu zuì hǎochī ?

3. 助動詞（2）── "会" huì

> "会" ＋動詞（＋目的語）　　（〈会得して〉〜 できる）

她 会 说 英语。
Tā huì shuō Yīngyǔ.

我 不 会 游泳。
Wǒ bú huì yóuyǒng.

▶ "会" は主として技術的なもの（語学やスポーツなど）について使う。

4. 目的語が動詞フレーズ・主述フレーズのとき

目的語となるものには名詞・代名詞以外に、動詞フレーズや主述フレーズなどがある。

> 主語 ＋ 動詞 ＋ 目的語（動詞フレーズ）　　（〜するのを…する）

我 喜欢 吃 饺子。
Wǒ xǐhuan chī jiǎozi.

他 在 学 做 中国 菜。
Tā zài xué zuò Zhōngguó cài.

*菜 图 料理

> 主語 ＋ 動詞 ＋ 目的語（主述フレーズ）　　（…が〜するのを…する）

我 想 听听 你 唱 歌儿。
Wǒ xiǎng tīngting nǐ chàng gēr.

欢迎 你 来 日本！
Huānyíng nǐ lái Rìběn !

*欢迎 動 歓迎する

你 在 干 什么 呢?

Nǐ zài gàn shénme ne?

高木： 喂， 你 在 干 什么 呢？
Wéi, nǐ zài gàn shénme ne?

李民： 我 在 做 饭 呢。
Wǒ zài zuò fàn ne.

高木： 你 会 做 饭 啊！ 没 想到！
Nǐ huì zuò fàn a! Méi xiǎngdào!

李民： 我 喜欢 做 饭， 常常 做。
Wǒ xǐhuan zuò fàn, chángcháng zuò.

高木： 你 什么 菜 最 拿手？
Nǐ shénme cài zuì náshǒu?

李民： 麻婆 豆腐 和 青椒 肉丝。
Mápó dòufu hé qīngjiāo ròusī.

高木： 我 也 想 学 做 中国 菜。
Wǒ yě xiǎng xué zuò Zhōngguó cài.

李民： 下次 我们 一起 做 吧。
Xiàcì wǒmen yìqǐ zuò ba.

DL 111

単 語

干 gàn 動 する、やる　　没想到 méi xiǎngdào 思いもしない、意外である（想到 思いつく、考えつく）

常常 chángcháng 副 いつも、よく　　拿手 náshǒu 形 得意である　　下次 xiàcì 名 次回（↔ 上次 shàngcì）

トレーニング 9 A

1 次のピンインを漢字に直し、さらに訳しましょう。　　　　　　　　DL 114

(1) Nǐ huì bu huì zuò fàn? _____

(2) Nǐ xǐhuan chī Rìběn cài ma? _____

(3) Tāmen zài hē wūlóngchá ne. _____

2 [ ] の日本語に従って、次の文を書き換えましょう。

　　　她　包　饺子。　　　*包 動 包む、(ギョーザを) 作る
　　　Tā　bāo　jiǎozi.

(1) [彼女はギョーザを作ることができます。]

_____

(2) [彼女はギョーザを作っています。]

_____

(3) [彼女はギョーザを作るのを習いたい。]

_____

3 絵を見ながら、音声の質問に中国語で答えましょう。　　　　　　　DL 115

(1)　　　　　　　　　(2)　　　　　　　　　(3)

_____　　_____　　_____

学　开车
Xué　kāichē

大山 　家　 有　 辆　 汽车，　 可是　 大山　 还　 不　 会　 开车。　 他
Dàshān　jiā　yǒu　liàng　qìchē,　kěshì　Dàshān　hái　bú　huì　kāichē.　Tā

现在　 在　 攒钱，　 想　 利用　 暑假　 学　 开车。　 因为　 平时　 他
xiànzài　zài　zǎnqián,　xiǎng　lìyòng　shǔjià　xué　kāichē.　Yīnwèi　píngshí　tā

学习　 忙，　 俱乐部　 活动　 多，　 没有　 时间。
xuéxí　máng,　jùlèbù　huódòng　duō,　méiyǒu　shíjiān.

大山　 想，　 拿　 了　 驾照　 以后，　 开车　 带　 王　 静　 去　 各地
Dàshān　xiǎng,　ná　le　jiàzhào　yǐhòu,　kāichē　dài　Wáng　Jìng　qù　gèdì

玩儿。 他　 希望　 王　 静　 每　 个　 周末　 都　 很　 愉快。
wánr.　Tā　xīwàng　Wáng　Jìng　měi　ge　zhōumò　dōu　hěn　yúkuài.

単 語

开车 kāichē 動 車を運転する　　辆 liàng 量 〈車を数える〉～台　　汽车 qìchē 名 自動車、車

攒钱 zǎnqián 動 貯金する　　利用 lìyòng 動 利用する　　暑假 shǔjià 名 夏休み

平时 píngshí 名 ふだん　　学习 xuéxí 名 勉強　　俱乐部 jùlèbù 名 クラブ　　活动 huódòng 名 活動

多 duō 形 多い（↔ 少 shǎo）　　时间 shíjiān 名 時間　　想 xiǎng 動 思う、考える

拿 ná 動 （資格を）取る　　驾照 jiàzhào 名 運転免許証　　以后 yǐhòu 名 以後、～してから

带 dài 動 連れる、案内する　　各地 gèdì 名 各地　　希望 xīwàng 動 願う、希望する

每个 měi ge 各～、～ごとに

トレーニング 9 B

1 講読の内容に関する質問に、中国語で答えましょう。

(1) 大山　会　开车　吗？
　　Dàshān　huì　kāichē　ma ?

_____

(2) 平时　大山　学习　忙　不　忙？
　　Píngshí　Dàshān　xuéxí　máng　bu　máng ?

_____

(3) 大山　希望　王　静　怎么样？
　　Dàshān　xīwàng　Wáng　Jìng　zěnmeyàng ?

_____

2 日本語を参考に、語を並べ替えましょう。

(1) 私もサッカーをするのが好きです。

足球　　　我　　　踢　　　喜欢　　　也
zúqiú　　 wǒ　　　tī　　　xǐhuan　　yě

_____

(2) 彼は電子ゲームをしています。

呢　　　他　　　电子 游戏　　　玩儿　　　在
ne　　　tā　　　diànzǐ yóuxì　　wánr　　　zài

_____

(3) この店は商品が安くない。

不　　　店　　　家　　　东西　　　便宜　　　这
bù　　　diàn　　jiā　　dōngxi　　piányi　　zhè

_____

3 中国語に訳しましょう。

(1) 彼は仕事が忙しい。

_____

(2) 彼女は中国語を話せます。

_____

(3) 彼は電話中です。

_____

② 打　网球
dǎ wǎngqiú

① 跑
pǎo

③ 打　乒乓球
dǎ pīngpāngqiú

⑦ 游泳
yóuyǒng

④ 打　棒球
dǎ bàngqiú

⑥ 打　太极拳
dǎ tàijíquán

⑤ 踢　足球
tī zúqiú

■ **中国人とスポーツ** ■

　中国の若者（"年轻人" niánqīngrén）が好きなスポーツ（"体育运动" tǐyù yùndòng）は、サッカー、バスケットボール（"篮球" lánqiú）、バレーボール（"排球" páiqiú）、バドミントン（"羽毛球" yǔmáoqiú）などです。オリンピック（"奥运会" Àoyùnhuì）でメダル独占の卓球は、身近なスポーツで、大学のキャンパスにはコンクリート製の青空卓球台があるほどです。

　早朝の公園（"公园" gōngyuán）では、太極拳（"太极拳" tàijíquán）や気功（"气功" qìgōng）、武術（"武术" wǔshù）などの伝統的な健康法に励む年配者が多く見られます。

1. 様態補語
DL 120

動詞の後に置き、動作が「どのようであるか」という様態を表わす。

> 主語＋動詞＋**"得"**＋様態補語（形容詞）　（… するのが 〜 だ）

肯定文：　她　跑得　很　快。　　*快 形 速い　　他　唱得　很　好。
　　　　　Tā　pǎode　hěn　kuài.　　　　　　　　Tā　chàngde　hěn　hǎo.

否定文：　她　跑得　不　快。　　　　　　　　　他　唱得　不　好。
　　　　　Tā　pǎode　bú　kuài.　　　　　　　　Tā　chàngde　bù　hǎo.

疑問文：　她　跑得　快　吗？　　　　　　　　　他　唱得　好　不　好？
　　　　　Tā　pǎode　kuài　ma?　　　　　　　　Tā　chàngde　hǎo　bu　hǎo?

■ 動詞が目的語を伴う場合、同じ動詞を繰り返す。ただし、目的語の前の動詞は省略しても構わない。

> 主語（＋動詞）＋目的語＋動詞＋**"得"**＋様態補語（形容詞）

他　打　网球　打得　很　好。　　　她　汉语　说得　怎么样？
Tā　dǎ　wǎngqiú　dǎde　hěn　hǎo.　　Tā　Hànyǔ　shuōde　zěnmeyàng?

*怎么样 疑 どのようか

2. 離合動詞

一語に見えるものの、構造上は「動詞＋目的語」型の動詞。他の成分が挿入される場合、分離するか、2字目が省かれる。

我　每天　八点　睡觉。　　　　　我　每天　睡　八　个　小时　觉。
Wǒ　měitiān　bā　diǎn　shuìjiào.　　Wǒ　měitiān　shuì　bā　ge　xiǎoshí　jiào.

你　会　不　会　游泳？　── 我　游得　不　好。
Nǐ　huì　bu　huì　yóuyǒng?　　Wǒ　yóude　bù　hǎo.

▶ 離合動詞には他に、"打工"、"上课"、"起床"、"洗澡"、"聊天儿" などがある。

3. 助動詞（3）── "能" néng ・"可以" kěyǐ

> **"能"**＋動詞（＋目的語）　（〈能力的に〉〜 できる、〈条件的に〉〜 できる）

他　能　看　中文　杂志。　　　她　有　事儿，不　能　来。
Tā　néng　kàn　Zhōngwén　zázhì.　　Tā　yǒu　shìr,　bù　néng　lái.

*中文 名 中国語

> **"可以"**＋動詞（＋目的語）　（〈許可〉〜 してよい）

这儿　可以　打　乒乓球。　　　电车　里　不　能　打　电话。
Zhèr　kěyǐ　dǎ　pīngpāngqiú.　　Diànchē　li　bù　néng　dǎ　diànhuà.

▶ "可以" の文の否定はふつう "不能" を用い、禁止の意味（〜してはいけない）を表わす。

69

你 有 什么 爱好？
Nǐ yǒu shénme àihào?

李民： 高木， 你 有 什么 爱好？
Gāomù, nǐ yǒu shénme àihào?

高木： 我 喜欢 游泳。 你 会 不 会 游？
Wǒ xǐhuan yóuyǒng. Nǐ huì bu huì yóu?

李民： 会。 不过 我 游得 不 太 好。
Huì. Búguò wǒ yóude bú tài hǎo.

高木： 我 参加过 大学生 游泳 比赛。
Wǒ cānjiāguo dàxuéshēng yóuyǒng bǐsài.

李民： 真的？ 我 可以 去 看 你 游泳 吗？
Zhēnde? Wǒ kěyǐ qù kàn nǐ yóuyǒng ma?

高木： 可以 啊！ 我 明天 练习， 你 能 来 吗？
Kěyǐ a! Wǒ míngtiān liànxí, nǐ néng lái ma?

李民： 能。 是 学校 的 游泳馆 吗？
Néng. Shì xuéxiào de yóuyǒngguǎn ma?

高木： 是。 你 两 点 左右 来 吧。
Shì. Nǐ liǎng diǎn zuǒyòu lái ba.

単 語

不过 búguò 援 しかし　　不太 bú tài あまり～でない　　参加 cānjiā 動 参加する、出場する

比赛 bǐsài 图 試合　　真的 zhēnde 本当である　　练习 liànxí 動 練習する

游泳馆 yóuyǒngguǎn 图 屋内プール　　左右 zuǒyòu 图 ～前後、～くらい

トレーニング 10 A

1 次のピンインを漢字に直し、さらに訳しましょう。　　　　　DL 124

(1) Nǐ yóuyǒng yóude hǎo bu hǎo?　_____

(2) Tā míngtiān bù néng cānjiā bǐsài.　_____

(3) Zhèr kěyǐ dǎ diànhuà ma?　_____

2 日本語を参考にして適切な動詞・形容詞を選び、文を完成させましょう。

動詞	吃	看	跑	打	形容詞	好	多	快	慢
	chī	kàn	pǎo	dǎ		hǎo	duō	kuài	màn

*慢 形 （速度が）遅い

(1) 私はクラスで足が一番遅い。

我 在 班 里 _____ 得 最 _____。
Wǒ zài bān li　　　　　de zuì

(2) あなたは本を読むのが速いですか。

你 _____ 书 _____ 得 _____ 吗?
Nǐ　　　　shū　　　de　　　　ma?

(3) 彼はご飯をたくさん食べる（食べる量が多い）。

他 _____ 饭 _____ 得 很 _____。
Tā　　　　fàn　　　de hěn

(4) 私は野球があまりうまくない。

我 棒球 _____ 得 不 太 _____。
Wǒ bàngqiú　　　de bú tài

3 絵を見ながら、音声の質問に中国語で答えましょう。　　　DL 125

(1)　　　　　　　(2)　　　　　　　(3)

_____　_____　_____

联谊会
Liányìhuì

DL 127
DL 128

大学　有　个　学生　联谊会。　在　那儿，　大家　可以　随意
Dàxué　yǒu　ge　xuésheng　liányìhuì.　Zài　nàr,　dàjiā　kěyǐ　suíyì

交流，　谈谈　各自　的　学习　和　生活，　气氛　非常　融洽。
jiāoliú,　tántan　gèzì　de　xuéxí　hé　shēnghuó,　qìfēn　fēicháng　róngqià.

昨天，　大山　和　王　静　认识　了　一　个　美国　留学生。
Zuótiān,　Dàshān　hé　Wáng　Jìng　rènshi　le　yí　ge　Měiguó　liúxuéshēng.

他　会　说　一点儿　日语。　王　静　英语　说得　很　流利，　她　能
Tā　huì　shuō　yìdiǎnr　Rìyǔ.　Wáng　Jìng　Yīngyǔ　shuōde　hěn　liúlì,　tā　néng

用　英语　跟　他　聊天儿，　聊得　特别　开心。　大山　非常　羡慕。
yòng　Yīngyǔ　gēn　tā　liáotiānr,　liáode　tèbié　kāixīn.　Dàshān　fēicháng　xiànmù.

DL 126

単 語

联谊会 liányìhuì 名 交流会　　大家 dàjiā 名 みんな、みなさん　　随意 suíyì 副 自由に、思うままに

交流 jiāoliú 動 交流する　　谈 tán 動 語る　　各自 gèzì 代 各自、各々　　生活 shēnghuó 名 生活

气氛 qìfēn 名 雰囲気　　融洽 róngqià 形 打ち解けている　　认识 rènshi 動 知り合う、面識がある

美国 Měiguó 名 アメリカ　　一点儿 yìdiǎnr 数量 少し　　日语 Rìyǔ 名 日本語

流利 liúlì 形 流ちょうである　　用 yòng 介 ～で、～を用いて　　特别 tèbié 副 格別に、特に、すごく

开心 kāixīn 形 愉快である、楽しい　　羡慕 xiànmù 動 うらやましく思う

トレーニング 10 B

1 講読の内容に関する質問に、中国語で答えましょう。

(1) 在　联谊会，大家　可以　谈　什么？
　　 Zài liányìhuì, dàjiā kěyǐ tán shénme ?　_____

(2) 王　　静　英语　说得　流利　吗？
　　 Wáng Jìng Yīngyǔ shuōde liúlì ma ?　_____

(3) 王　　静　和　美国　留学生　聊得　怎么样？
　　 Wáng Jìng hé Měiguó liúxuéshēng liáode zěnmeyàng ?

_____

2 日本語を参考に、語を並べ替えましょう。

(1) 彼は太極拳をするのがうまい。

　　 得　　打　　好　　太极拳　　很　　他
　　 de dǎ hǎo tàijíquán hěn tā

_____

(2) 夏休み私たちは非常に楽しく遊びました。

　　 得　　开心　　玩儿　　我们　　暑假　　非常
　　 de kāixīn wánr wǒmen shǔjià fēicháng

_____

(3) あなたは今日何コマ授業を受けましたか。

　　 几　　了　　你　　节　　课　　上　　今天
　　 jǐ le nǐ jié kè shàng jīntiān

_____

3 中国語に訳しましょう。

(1) 彼女は走るのがあまり速くない。　_____

(2) 彼は土曜日の交流会に出られますか。　_____

(3) 私たちは韓国人留学生と1時間雑談した。_____

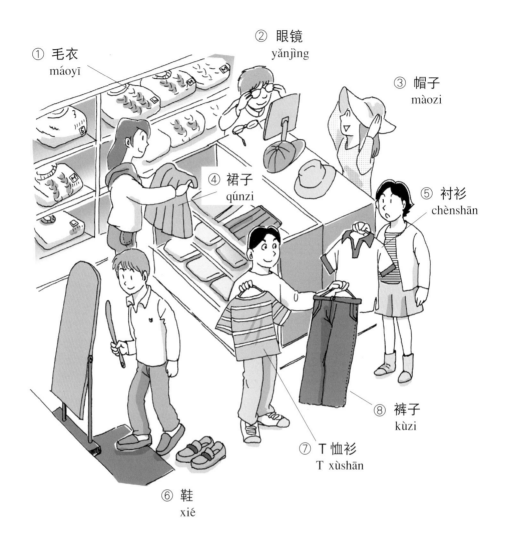

① 毛衣 máoyī
② 眼镜 yǎnjìng
③ 帽子 màozi
④ 裙子 qúnzi
⑤ 衬衫 chènshān
⑥ 鞋 xié
⑦ T恤衫 T xùshān
⑧ 裤子 kùzi

■ 中国人とファッション ■

　北京、上海などの大都市を歩くと、海外の有名ブランド（"名牌" míngpái）の広告が目立ち、ファッション（"时装" shízhuāng）に対する人々の関心の高さがうかがえます。休日（"假日" jiàrì）の繁華街ともなると、デパート（"商场" shāngchǎng）では「バーゲン」（"大减价" dàjiǎnjià）の文字が人目を引き、ショッピングを楽しむ若者であふれかえります。また、買い物をネットでする（"网购" wǎnggòu）人も相当数います。中国のネットショッピング市場は年々拡大の傾向にあり、いまや世界最大規模になっています。

1. 「比較」を表わす "比" bǐ

DL 130

A ＋ "比" ＋ B ＋ 形容詞　　(A は B より～だ)

肯定文：
他　比　我　高。
Tā　bǐ　wǒ　gāo.

这个　比　那个　便宜。
Zhège　bǐ　nàge　piányi.

否定文：
他　没（有）　我　高。
Tā　méi(you)　wǒ　gāo.

这个　没（有）　那个　便宜。
Zhège　méi(you)　nàge　piányi.

▶ 形容詞の後に "一点儿"（少し）、"多了"（ずっと）、具体的な数量などを付けて、比較の差を表わすこともできる。

他　比　我　高　一点儿。
Tā　bǐ　wǒ　gāo　yìdiǎnr.

他　比　我　高　多　了。
Tā　bǐ　wǒ　gāo　duō　le.

他　比　我　高　十　公分。
Tā　bǐ　wǒ　gāo　shí　gōngfēn.

*公分 图 センチメートル

2. 副詞 "有点儿" yǒudiǎnr

"有点儿" ＋ 形容詞　　(少し～、どうも～)

这　件　衬衫　有点儿　贵。
Zhè　jiàn　chènshān　yǒudiǎnr　guì.

我　有点儿　饿。
Wǒ　yǒudiǎnr　è.

*饿 形 空腹である

▶ "有点儿" は、望ましくないことについて用いる。

▶ 比較："有点儿" と "一点儿"

"有点儿" は形容詞の前に、"一点儿" は形容詞や動詞の後に置く。

今天　有点儿　冷。
Jīntiān　yǒudiǎnr　lěng.
(今日は少し寒い。)

*冷 形 寒い

今天　比　昨天　冷　一点儿。
Jīntiān　bǐ　zuótiān　lěng　yìdiǎnr.
(今日は昨日より少し寒い。)

3. 「持続」を表わす "着" zhe

"着" は動詞の後に付け、動作・状態の持続を表わす。

動詞 ＋ "着"（＋ 目的語）　　(～している)

她　穿着　毛衣。
Tā　chuānzhe　máoyī.

我　没（有）　带（着）　手机。
Wǒ　méi(you)　dài(zhe)　shǒujī.

*穿 動 着る、履く
*带 動 携帯する

▶ 否定文では、"着" は省くことができる。

这　双　鞋　怎么样？
Zhè　shuāng　xié　zěnmeyàng？

DL 132
DL 133

高木：你　看，这　双　鞋　怎么样？
Nǐ　kàn,　zhè　shuāng　xié　zěnmeyàng？

李民：有点儿　贵。　看看　别的。
Yǒudiǎnr　guì.　Kànkan　biéde.

高木：这　双　鞋　比　那　双　便宜　一点儿。
Zhè　shuāng　xié　bǐ　nà　shuāng　piányi　yìdiǎnr.

李民：便宜　五百　日元。　我　试试。
Piányi　wǔbǎi　rìyuán.　Wǒ　shìshi.

高木：怎么样？　合适　不　合适？
Zěnmeyàng？　Héshì　bu　héshì？

李民：正好。　有　镜子　吗？
Zhènghǎo.　Yǒu　jìngzi　ma？

高木：镜子　在　那儿　放着　呢。
Jìngzi　zài　nàr　fàngzhe　ne.

李民：你　等等。　我　去　照　一下。
Nǐ　děngdeng.　Wǒ　qù　zhào　yíxià.

DL 131

单語

双 shuāng 圖 〈対になった物を数える〉～足、～組　　別的 biéde 他の　　试 shì 動 試す

合适 héshì 形 合っている、ぴったりである　　正好 zhènghǎo 形 ちょうどよい　　镜子 jìngzi 图 鏡

放 fàng 動 置く　　呢 ne 動 〈聞き手に注意を促す〉　　照 zhào 動 （鏡に）映す

トレーニング 11 A

1 次のピンインを漢字に直し、さらに訳しましょう。　　　　　　　DL 134

(1) Zhè shuāng xié bǐ nà shuāng xié piányi. _____

(2) Zhège yǒudiǎnr guì, wǒ bú yào. _____

(3) Jìngzi zài nǎr fàngzhe ? _____

2 日本語を参考に、語を並べ替えましょう。

(1) この料理は少し辛い。

菜	辣	这个	有点儿	*辣 形 辛い
cài	là	zhège	yǒudiǎnr	

----

(2) 今日は昨日ほど暑くない。

热	今天	没有	昨天
rè	jīntiān	méiyou	zuótiān

----

(3) 彼女はメガネを掛けている。

戴	她	眼镜	着	*戴 動（メガネや帽子などを）着用する
dài	tā	yǎnjìng	zhe	

----

3 絵を見ながら、音声の質問に中国語で答えましょう。　　　　　DL 135

(1)

(2)

(3)

-------------------------　　-------------------------　　-------------------------

动漫
Dòngmàn

DL 137
DL 138

王　静　为　什么　来　日本　呢？　因为　她　喜欢　日本　的
Wáng Jìng wèi shénme lái Rìběn ne ? Yīnwèi tā xǐhuan Rìběn de

动漫。　小时候，　她　每天　都　看。《哆啦 A 梦》、《樱桃　小　丸子》、
dòngmàn. Xiǎoshíhou, tā měitiān dōu kàn. 《Duōlā A mèng》、《Yīngtáo Xiǎo Wánzǐ》、

《蜡笔　小　新》　什么的，　她　看过　很　多　遍。
《Làbǐ Xiǎo Xīn》 shénmede, tā kànguo hěn duō biàn.

王　静　觉得，　中国　的　动漫　比　以前　好　多　了，也　有
Wáng Jìng juéde, Zhōngguó de dòngmàn bǐ yǐqián hǎo duō le, yě yǒu

意思　多　了，　可是　有时候　有点儿　生硬。　看着　日本　的
yìsi duō le, kěshì yǒushíhou yǒudiǎnr shēngyìng. Kànzhe Rìběn de

动漫，　她　常　想，　这　是　什么　原因　呢？
dòngmàn, tā cháng xiǎng, zhè shì shénme yuányīn ne ?

DL 136

単 語

动漫 dòngmàn 图 アニメ　　为什么 wèi shénme なぜ、どうして

呢 ne 助 〈疑問詞疑問文の文末に用い、疑問の語気を強める〉　　小时候 xiǎoshíhou 图 小さい頃

哆啦A梦 Duōlā A mèng 图 ドラえもん　　櫻桃小丸子 Yīngtáo Xiǎo Wánzǐ 图 ちびまる子ちゃん

蜡笔小新 Làbǐ Xiǎo Xīn 图 クレヨンしんちゃん　　遍 biàn 量 〈動作の始めから終わりまでを数える〉〜回、〜遍

觉得 juéde 動 感じる、思う　　以前 yǐqián 图 以前　　有意思 yǒu yìsi 面白い

有时候 yǒushíhou 副 時々　　生硬 shēngyìng 形 （表現が）硬い　　原因 yuányīn 图 原因

トレーニング 11 B

1　講読の内容に関する質問に、中国語で答えましょう。

(1)　王　　静　　为　什么　来　日本？
　　　Wáng　Jìng　wèi　shénme　lái　Rìběn？

(2)　中国　　的　　动漫　比　以前　　怎么样？
　　　Zhōngguó　de　dòngmàn　bǐ　yǐqián　zěnmeyàng？

(3)　中国　　的　　动漫　　有时候　有点儿　什么？
　　　Zhōngguó　de　dòngmàn　yǒushíhou　yǒudiǎnr　shénme？

2　[　]の日本語に従って、次の文を書き換えましょう。

　　　汉语　　比　英语　　难。
　　　Hànyǔ　bǐ　Yīngyǔ　nán.

(1)　[中国語は英語より少し難しい。]

(2)　[中国語は英語ほど難しくない。]

(3)　[中国語は英語よりずっと難しい。]

3　中国語に訳しましょう。

(1)　私は今少し眠い。
　　　*眠い：“困”kùn

(2)　上海は北京ほど大きくない。
　　　*大きい：“大”dà

(3)　今日私は傘を持っていません。
　　　*傘：“伞”sǎn

第 12 课 (Dì shí'èr kè)

① 春节 Chūnjié

② 情人节 Qíngrénjié

③ 中秋节 Zhōngqiūjié

⑥ 圣诞节 Shèngdànjié

⑤ 万圣节 Wànshèngjié

④ 国庆节 Guóqìngjié

■ 中国の旧正月（春節_{しゅんせつ}）■

　春節（"春节" Chūnjié）が近づくと、街中が赤色（"红色" hóngsè）に染まり、祝賀ムードに包まれます。店先には正月用品が並び、駅は抱えきれないほどの土産を手に帰省する（"探亲" tànqīn）人でごった返します。大みそかの夜には家族一堂に会しての食事（"年夜饭" niányèfàn）が始まり、魚（"鱼" yú）料理が必ず食卓に並びますが、これは "年年有余" niánnián yǒuyú（毎年余裕がある）の "余" yú と "鱼" yú の音が同じなので、縁起を担ぐためです。中国の伝統的なお祝い事では、こうした "谐音 xiéyīn"（発音が同じか近い）が欠かせません。

1. 名詞述語文

DL 140

時刻、日付、曜日、年齢、価格など、数字が使われる名詞フレーズが述語となる文。

主語 ＋ 述語（名詞）　　（…は〜である）

現在　六　点　半。　　　今天　几　月　几　号？　　*号 图 〜日
Xiànzài　liù　diǎn　bàn.　　Jīntiān　jǐ　yuè　jǐ　hào?

▶ 否定文は"不是"を用いる。　明天　不　是　星期四。
　　　　　　　　　　　　　　Míngtiān　bú　shì　xīngqīsì.

2. 「変化」を表わす"了" le

"了"は文末に付き、状況・状態の変化「〜になった」、「〜になる」を表わす。

他　是　大学生　了。　　她　的　病　好　了。　　*病 图 病気
Tā　shì　dàxuéshēng　le.　　Tā　de　bìng　hǎo　le.

他　不　来　了。　　　你　多　大　了？　　*多大 （年齢について）どのくらい
Tā　bù　lái　le.　　Nǐ　duō　dà　le?

3. "是〜的"の文

すでに実現したことについて、それが「いつ・どこで（どこから）・どのように」行われたのかを尋ねたり、説明したりするときに用いる。

主語（＋"是"）＋時・場所・方法＋動詞＋"的"＋目的語　　（〜 したのです）

你　（是）　什么　时候　来　的？ ── 我　（是）　去年　来　的。 *去年 图 去年
Nǐ　(shì)　shénme　shíhou　lái　de?　　Wǒ　(shì)　qùnián　lái　de.

你　（是）在　哪儿　学　的　日语？ ── 我　（是）　在　北京　学　的。
Nǐ　(shì)　zài　nǎr　xué　de　Rìyǔ?　　Wǒ　(shì)　zài　Běijīng　xué　de.

你　（是）　怎么　去　的？　　── 我　（是）　坐　电车　去　的。
Nǐ　(shì)　zěnme　qù　de?　　Wǒ　(shì)　zuò　diànchē　qù　de.

▶ "是"は、否定文では省略できない。　他　不　是　从　北京　来　的。
　　　　　　　　　　　　　　　　Tā　bú　shì　cóng　Běijīng　lái　de.

4. 2つの目的語をとる動詞

主語 ＋ 動詞 ＋ 目的語（人）＋ 目的語（物）　　（人に…を〜する）

王　老师　教　我们　汉语。　　她　给　了　我　一　张　电影　票。
Wáng　lǎoshī　jiāo　wǒmen　Hànyǔ.　　Tā　gěi　le　wǒ　yì　zhāng　diànyǐng　piào.
　　　　　　*教 動 教える　　　　　　　　　　　　　*给 動 与える

▶ この種の動詞には他に、"问" wèn、"告诉" gàosu（知らせる）などがある。

祝 你 生日 快乐!
Zhù nǐ shēngrì kuàilè!

DL 142
DL 143

高木: 李 民, 今天 是 你 的 生日 吧?
Lǐ Mín, jīntiān shì nǐ de shēngrì ba?

李民: 是 啊。 你 是 怎么 知道 的?
Shì a. Nǐ shì zěnme zhīdao de?

高木: 小 王 告诉 我 的。 二十 了 吧?
Xiǎo Wáng gàosu wǒ de. Èrshí le ba?

李民: 对, 今年 二十 岁 了。
Duì, jīnnián èrshí suì le.

高木: 送 你 一 个 礼物。 祝 你 生日 快乐!
Sòng nǐ yí ge lǐwù. Zhù nǐ shēngrì kuàilè!

李民: 谢谢 你! 是 什么?
Xièxie nǐ! Shì shénme?

高木: 打开 看看。 你 肯定 喜欢。
Dǎkāi kànkan. Nǐ kěndìng xǐhuan.

李民: 哇! 真 漂亮。 太 高兴 了!
Wā! Zhēn piàoliang. Tài gāoxìng le!

DL 141

単語

祝 zhù 動 祈る、願う 　生日 shēngrì 名 誕生日 　快乐 kuàilè 形 楽しい

知道 zhīdao 動 知る、わかる 　小 Xiǎo 接頭 〈若い人の姓の前に付けて親しみを表わす〉～さん

告诉 gàosu 動 知らせる、教える 　今年 jīnnián 名 今年 　岁 suì 名 ～歳 　送 sòng 動 贈る

礼物 lǐwù 名 贈り物、プレゼント 　谢谢 xièxie 動 感謝する 　打开 dǎkāi （手で）開ける、開く

肯定 kěndìng 副 必ず、間違いなく 　哇 wā 〈驚嘆や喜びを表わす〉うわー 　真 zhēn 副 本当に

漂亮 piàoliang 形 きれいである、美しい 　高兴 gāoxìng 形 うれしい

82

トレーニング 12 A

1 次のピンインを漢字に直し、さらに訳しましょう。　　　　　　　　　　DL 144

(1) Tā jīnnián duō dà le ?　　　　　_____

(2) Nǐmen shì zěnme zhīdao de ?　　_____

(3) Xiǎo Wáng sòng le wǒ yí ge shēngrì lǐwù.

_____

2 各文の適切な位置に「変化」を表わす"了"を加え、さらに訳しましょう。

(1) 现在　五　点。
Xiànzài wǔ diǎn.

_____

(2) 我　最近　忙。　　　　　＊最近 図 最近
Wǒ zuìjìn máng.

_____

(3) 他　明年　二　年级。　　＊明年 図 来年
Tā míngnián èr niánjí.

_____

(4) 我　会　开车。
Wǒ huì kāichē.

_____

3 絵を見ながら、音声の質問に中国語で答えましょう。　　　　　　　　　DL 145

(1)　　　　　　　　　　　(2)　　　　　　　　　　　(3)

_____　　_____　　_____

买 衣服
Mǎi　yīfu

十二　月　了，　天气　渐渐　冷　了。　王　静　想　买　冬天
Shí'èr　yuè　le,　tiānqì　jiànjiàn　lěng　le.　Wáng　Jìng　xiǎng　mǎi　dōngtiān

的　衣服。　她　是　今年　三　月　来　的　日本。　那　时候　很　暖和，
de　yīfu.　Tā　shì　jīnnián　sān　yuè　lái　de　Rìběn.　Nà　shíhou　hěn　nuǎnhuo,

她　没　带　冬衣。
tā　méi　dài　dōngyī.

朋友　小　张　说："我　知道　一　家　服装店，　衣服　比较
Péngyou　Xiǎo　Zhāng　shuō："Wǒ　zhīdao　yì　jiā　fúzhuāngdiàn,　yīfu　bǐjiào

便宜，　种类　也　多。"　王　静　说："告诉　我　地方，　好　吗？"
piányi,　zhǒnglèi　yě　duō."　Wáng　Jìng　shuō："Gàosu　wǒ　dìfang,　hǎo　ma？"

小　张　说："正好　我　的　冬衣　也　旧　了。　后天　星期天，
Xiǎo　Zhāng　shuō："Zhènghǎo　wǒ　de　dōngyī　yě　jiù　le.　Hòutiān　xīngqītiān,

我们　一起　去　买　吧。"
wǒmen　yìqǐ　qù　mǎi　ba.　"

単　語

渐渐 jiànjiàn 圖 だんだん、次第に　　冬天 dōngtiān 图 冬　　时候 shíhou 图 時

暖和 nuǎnhuo 圈 暖かい　　冬衣 dōngyī 图 冬服　　张 Zhāng 图 張　　服装店 fúzhuāngdiàn 图 衣料品店

比较 bǐjiào 圖 比較的、割と　　种类 zhǒnglèi 图 種類　　地方 dìfang 图 場所

正好 zhènghǎo 圖 都合よく、ちょうど　　旧 jiù 圈 古い（↔ 新 xīn）　　后天 hòutiān 图 あさって

トレーニング 12 B

1 講読の内容に関する質問に、中国語で答えましょう。

(1) 现在　几　月　了？
Xiànzài　jǐ　yuè　le ?

(2) 王　静　是　什么　时候　来　的　日本？
Wáng　Jìng　shì　shénme　shíhou　lái　de　Rìběn ?

(3) 王　静　知道　服装店　的　地方　吗？
Wáng　Jìng　zhīdao　fúzhuāngdiàn　de　dìfang　ma ?

2 適切な疑問詞を選び、下線部が答えとなる疑問文を作りましょう。

怎么　　哪儿　　什么　时候
zěnme　　nǎr　　shénme　shíhou

(1) 她　是　从　上海　来　的。
Tā　shì　cóng　Shànghǎi　lái　de.

(2) 我　和　他　是　去年　认识　的。
Wǒ　hé　tā　shì　qùnián　rènshi　de.

(3) 我　骑　自行车　来　的。　　　*骑 動 （自転車やバイクに）乗る
Wǒ　qí　zìxíngchē　lái　de.　　　*自行车 名 自転車

3 中国語に訳しましょう。

(1) これは 1,980 円です。

(2) 今日は暖かくなった。

(3) 私にあなたの携帯電話を教えて。

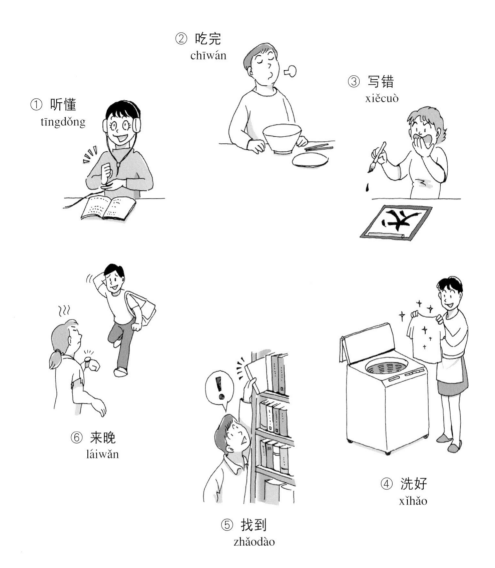

② 吃完
chīwán

③ 写错
xiěcuò

① 听懂
tīngdǒng

⑥ 来晚
láiwǎn

⑤ 找到
zhǎodào

④ 洗好
xǐhǎo

■ **中国人の語学学習** ■

　中国の学校では外国語（"外语" wàiyǔ）を学ぶ際に、教科書を暗唱する（"背" bèi）ことに重点を置きます。繰り返し音読をする（"念" niàn）ことで、自然に頭に入っていき、話す（"说" shuō）、聞く（"听" tīng）の向上にもつながるという考え方によるものです。大学の専門（"专业" zhuānyè）の授業は 10 数名ほどの少人数制で、しかも 2 年生以降は外国語のみで行われるため、書く（"写" xiě）、訳す（"翻译" fānyì）も含め、総合的にかなりのレベル（"水平" shuǐpíng）に達します。それにより、卒業（"毕业" bìyè）後は、ほとんどの学生が自分の専門性を十分に発揮できる職業に就いていきます。

1. 結果補語

動詞の後に置き、動作が「どのようになるか」という結果を表わす。

動詞 + 結果補語（動詞・形容詞）

〜懂 （〜して理解する） dǒng	看懂 kàndǒng	听懂 tīngdǒng
〜完 （〜し終わる） wán	吃完 chīwán	学完 xuéwán
〜到 （〜して達する） dào	买到 mǎidào	找到 zhǎodào
〜错 （〜し間違える） cuò	说错 shuōcuò	写错 xiěcuò
〜好 （〜して完成する） hǎo	做好 zuòhǎo	洗好 xǐhǎo

老师 的 话， 你 听懂 了 吗？　　　　饭 做好 了。　　*话 图 話、言葉
Lǎoshī de huà, nǐ tīngdǒng le ma?　　Fàn zuòhǎo le.

▶ 否定文は、"没(有)" を使う。　　第 13 课 还 没（有） 学完。
Dì shísān kè hái méi(you) xuéwán.

2. 存現文

ある場所に（から）、ある人・物が、存在・出現することを表わす。動詞の後ろには持続を表わす "着" や完了を表わす "了" を付けることが多く、文末に不特定の「人・物」を伴う。

場所 + 動詞（+ "着"／"了"）+ 人・物

那儿 有 很 多 人。　　　　那儿 坐着 很 多 人。　　*坐 動 座る
Nàr yǒu hěn duō rén.　　　Nàr zuòzhe hěn duō rén.

班 里 来了 一 个 新 同学。　　*新 形 新しい
Bān li lái le yí ge xīn tóngxué.

3. 「近い未来」を表わす "快 〜 了" （もうすぐ〜だ）

快 三 点 了。　　　　比赛 快 开始 了。
Kuài sān diǎn le.　　Bǐsài kuài kāishǐ le.

▶ "要〜了"、"快要〜了" なども同様の意味で用いられる。

他 要 下课 了。　　快要 考试 了。　　*考试 動 試験をする、
Tā yào xiàkè le.　　Kuàiyào kǎoshì le.　　　　　試験を受ける

电影 快 开演 了 吧？
Diànyǐng kuài kāiyǎn le ba ?

高木： 对不起， 我 来晚 了。
　　　 Duìbuqǐ, wǒ láiwǎn le.

李民： 没 关系。 我 也 刚 到。
　　　 Méi guānxi. Wǒ yě gāng dào.

高木： 电影 快 开演 了 吧？
　　　 Diànyǐng kuài kāiyǎn le ba ?

李民： 嗯。 那儿 放着 电影 介绍， 我 去 拿。
　　　 Ng. Nàr fàngzhe diànyǐng jièshào, wǒ qù ná.

　　　（映画を見終わって）

高木： 怎么样， 看懂 了 吗？
　　　 Zěnmeyàng, kàndǒng le ma ?

李民： 差不多 看懂 了。
　　　 Chàbuduō kàndǒng le.

高木： 你 觉得 这个 电影 怎么样？
　　　 Nǐ juéde zhège diànyǐng zěnmeyàng ?

李民： 很 有 意思， 女 主角 演得 不错。
　　　 Hěn yǒu yìsi, nǚ zhǔjué yǎnde búcuò.

DL 151

単 語

开演 kāiyǎn 動 （映画の上映が）始まる　　対不起 duìbuqǐ すみません

晚 wǎn 形 （時間的に）遅い（"来晚"は、動詞"来"＋結果補語"晚"の構造）　　没关系 méi guānxi 構わない

刚 gāng 副 ～したばかりである　　到 dào 動 着く　　嗯 ng 感 〈肯定・承諾を表わす〉うん、ええ

介绍 jièshào 名 紹介、説明　　拿 ná 動 （手に）取る、持つ　　差不多 chàbuduō 副 ほぼ、ほとんど

女 nǚ 形 女性の（↔男 nán）　　主角 zhǔjué 名 主役　　演 yǎn 動 演じる　　不错 búcuò 形 なかなかよい

トレーニング 13 A

1 次のピンインを漢字に直し、さらに訳しましょう。　　　　　　　　DL 154

(1) Sì diǎn le, tā kuài lái le.　　　――――――――――――――――――――

(2) Tā de Hànyǔ, wǒ tīngdǒng le yìdiǎnr.　――――――――――――――――

(3) Nàr zuòzhe hěn duō liúxuéshēng.　――――――――――――――――――

2 A群の語とB群の語を結んで、「動詞 ＋ 結果補語」を作りましょう。

A 群	喝	看	买	听	写	走
	hē	kàn	mǎi	tīng	xiě	zǒu

*走 動 歩く

B 群	错	到	懂	好	累	完
	cuò	dào	dǒng	hǎo	lèi	wán

(1) 見て理解する　　　　　　　　　　(2) 買って手に入れる

――――――――――――　　　　　　――――――――――――

(3) 飲み終わる　　　　　　　　　　　(4) 聞き間違える

――――――――――――　　　　　　――――――――――――

(5) 書き上げる　　　　　　　　　　　(6) 歩き疲れる

――――――――――――　　　　　　――――――――――――

3 絵を見ながら、音声の質問に中国語で答えましょう。　　　　　　DL 155

(1)　　　　　　　　　　(2)　　　　　　　　　　(3)

――――――――――――　　――――――――――――　　――――――――――――

做 寒假 作业
Zuò hánjià zuòyè

DL 157
DL 158

快要 放 寒假 了, 老师 给 大家 布置 了 作业：写 一
Kuàiyào fàng hánjià le, lǎoshī gěi dàjiā bùzhì le zuòyè: xiě yì

篇 环境 问题 的 报告。 吃完 午饭 后, 大山 去 图书馆 了。
piān huánjìng wèntí de bàogào. Chīwán wǔfàn hòu, Dàshān qù túshūguǎn le.

图书馆 的 二 楼 放着 很 多 环境 方面 的 书。 他
Túshūguǎn de èr lóu fàngzhe hěn duō huánjìng fāngmiàn de shū. Tā

找 了 一会儿, 找到 了 两 本 中国 环境 问题 的 书。
zhǎo le yíhuìr, zhǎodào le liǎng běn Zhōngguó huánjìng wèntí de shū.

一 个 星期 后, 大山 的 报告 写好 了。 他 想, 寒假
Yí ge xīngqī hòu, Dàshān de bàogào xiěhǎo le. Tā xiǎng, hánjià

可以 好好儿 玩儿 了。
kěyǐ hǎohāor wánr le.

DL 156

単 語

做 zuò 動 する、やる　　寒假 hánjià 名 冬休み　　作业 zuòyè 名 宿題　　放 fàng 動 （休みに）入る

布置 bùzhì 動 （宿題を）出す　　篇 piān 量 〈1つのまとまった文章を数える〉〜編　　环境 huánjìng 名 環境

问题 wèntí 名 問題　　报告 bàogào 名 レポート　　午饭 wǔfàn 名 昼食　　楼 lóu 名 階、フロア

方面 fāngmiàn 名 分野　　一会儿 yíhuìr 数量 しばらくの間　　好好儿 hǎohāor 副 思う存分に、十分に

トレーニング 13 B

1 講読の内容に関する質問に、中国語で答えましょう。

(1) 大山　要　写　什么　报告？
Dàshān yào xiě shénme bàogào ?

(2) 大山　找到　什么　方面　的　书　了？
Dàshān zhǎodào shénme fāngmiàn de shū le ?

(3) 写好　了　报告，大山　怎么　想？
Xiěhǎo le bàogào, Dàshān zěnme xiǎng ?

2 （　）に否定の副詞 "不"、"没" のいずれか適切なものを入れ、さらに訳しましょう。

(1) 我　（　　　　）打过　网球。
Wǒ dǎguo wǎngqiú.

(2) 他　（　　　　）是　昨天　到　的。
Tā shì zuótiān dào de.

(3) 公交车　（　　　　）电车　快。
Gōngjiāochē diànchē kuài.

(4) 电影　票　还　（　　　　）卖完。　　*卖 動 売る
Diànyǐng piào hái màiwán.

(5) 她　（　　　　）喜欢　我　了。
Tā xǐhuan wǒ le.

3 中国語に訳しましょう。

(1) 宿題はし終わりましたか。

(2) もうすぐ授業が始まります。

(3) テーブルの上に漫画がたくさん置いてあります。

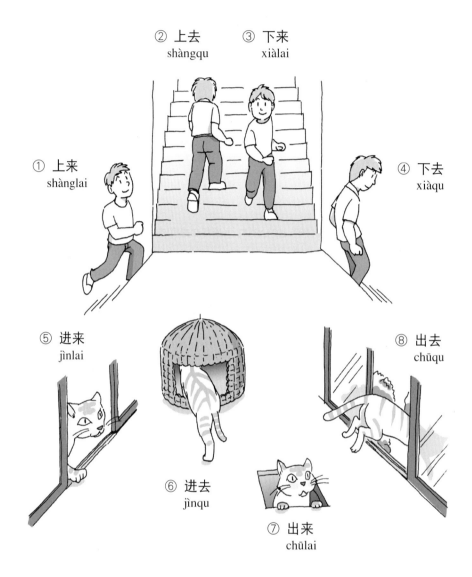

② 上去 shàngqu
③ 下来 xiàlai
① 上来 shànglai
④ 下去 xiàqu
⑤ 进来 jìnlai
⑧ 出去 chūqu
⑥ 进去 jìnqu
⑦ 出来 chūlai

■ 中国の芸能 ■

　中国の伝統劇である京劇（きょうげき）（"京剧" jīngjù）は、"唱" chàng（うた）、"念" niàn（せりふ）、"做" zuò（身振り）、"打" dǎ（立ち回り）の4つの要素から成っています。日本の歌舞伎と同様、隈取り（"脸谱" liǎnpǔ）の色や形によって登場人物の性格を表わします。うたやせりふは一般の人には難解で、字幕（"字幕" zìmù）を見なければ内容を把握できません。

　演芸はほかにも、漫才（"相声" xiàngsheng）、中国の曲芸（"杂技" zájì）、伝統楽器の二胡（にこ）（"二胡" èrhú）の演奏、歌手のコンサート（"演唱会" yǎnchànghuì）などがあります。

1．方向補語

DL 160

動詞の後に置き、動作の方向を表わす。単純方向補語と複合方向補語の2種類がある。

(1) 単純方向補語

動詞 ＋ **方向補語**（"来" ／ "去"）　　（～して来る ／ ～して行く）

他	进来	了。
Tā	jìnlai	le.

她	回去	了。
Tā	huíqu	le.

目的語が場所を表わす場合、動詞と方向補語（"来" ／ "去"）の間に置く。

動詞 ＋ 場所 ＋ **方向補語**（"来" ／ "去"）

他	进	教室	来	了。
Tā	jìn	jiàoshì	lai	le.

她	回	中国	去	了。
Tā	huí	Zhōngguó	qu	le.

(2) 複合方向補語

下の表の"上"、"下"のような移動を表わす動詞に"来" ／ "去"が付いた補語。

動詞 ＋ **方向補語**（移動を表わす動詞）＋ **方向補語**（"来" ／ "去"）

	上 （上がる）	下 （下がる）	进 （入る）	出 （出る）	回 （帰る）	过 （過ぎる）	起 （起きる）
来	上来 shànglai	下来 xiàlai	进来 jìnlai	出来 chūlai	回来 huílai	过来 guòlai	起来 qǐlai
去	上去 shàngqu	下去 xiàqu	进去 jìnqu	出去 chūqu	回去 huíqu	过去 guòqu	—

他	走**进来**	了。
Tā	zǒujìnlai	le.

她	跑回去	了。
Tā	pǎohuíqu	le.

目的語が場所を表わす場合、移動を表わす動詞と"来" ／ "去"の間に置く。

動詞 ＋ **方向補語**（移動を表わす動詞）＋ 場所 ＋ **方向補語**（"来" ／ "去"）

他	走进	食堂	来	了。
Tā	zǒujìn	shítáng	lai	le.

她	跑回	教室	去	了。
Tā	pǎohuí	jiàoshì	qu	le.

2．「使役」を表わす "让" ràng

主語 ＋ **"让"** ＋ 人 ＋ 動詞（＋目的語）　　（～ させる／～ するように言う／～ てもらう）

我	让	他	六	点	来。
Wǒ	ràng	tā	liù	diǎn	lái.

妈妈	不	让	爸爸	喝	酒。
Māma	bú	ràng	bàba	hē	jiǔ.

*酒 🈹 酒

▶ "叫" jiào も、「使役」を表わす語として常用される。

我	叫	她	等	我。
Wǒ	jiào	tā	děng	wǒ.

咱们 快 上去 吧！
Zánmen kuài shàngqu ba !

DL 162
DL 163

高木： 这 座 塔 六百 三十 米， 亚洲 第一。
Zhè zuò tǎ liùbǎi sānshí mǐ, Yàzhōu dìyī.

李民： 这么 高！ 咱们 快 上去 吧！
Zhème gāo ! Zánmen kuài shàngqu ba !

　　　（展望台で）

李民： 看， 富士山！ 真 壮观！
Kàn, Fùshìshān ! Zhēn zhuàngguān !

高木： 给 你 照 张 相 吧。
Gěi nǐ zhào zhāng xiàng ba.

李民： 好。 让 我 父母 看看。
Hǎo. Ràng wǒ fùmǔ kànkan.

高木： 好 了 吗？ 一、 二、 三！
Hǎo le ma ? Yī、 èr、 sān !

李民： 谢谢。 我 想 买 点儿 礼物 带回去。
Xièxie. Wǒ xiǎng mǎi diǎnr lǐwù dàihuíqu.

高木： 下去 买 吧。 下边儿 有 很 多 商店。
Xiàqu mǎi ba. Xiàbianr yǒu hěn duō shāngdiàn.

DL 161

単 語

快 kuài 圖 はやく　　座 zuò 量 〈ビルや山を数える〉　　塔 tǎ 图 タワー　　米 mǐ 图 メートル
亚洲 Yàzhōu 图 アジア　　第一 dìyī 数 ナンバーワン　　这么 zhème 代 こんなに、そんなに
壮观 zhuàngguān 形 壮観である　　照相 zhào//xiàng 動 写真を撮る（"照张相"="照一张相"。「動詞＋数詞＋
量詞＋目的語」の時、数詞が "一" であれば "一" を省略できる）　　父母 fùmǔ 图 両親
点儿 diǎnr 量 少し（＝ "一点儿"）

トレーニング 14 A

1 次のピンインを漢字に直し、さらに訳しましょう。　　　　　　　　　　　　DL 164

(1) Nǐ kuài shànglai ba !

_____

(2) Nǐ xiǎng mǎi diǎnr shénme dàihuíqu ?

_____

(3) Māma ràng wǒ qù mǎi dōngxi.

_____

2 （　）に "来"、"去" のいずれか適切なものを入れ、さらに訳しましょう。

(1) 他　不　在，出（　　　　）了。
Tā　bú　zài,　chū　　　　　le.

_____

(2) 她　快　回（　　　　）了，请　在　这儿　等　一下。
Tā　kuài　huí　　　　　le,　qǐng　zài　zhèr　děng　yíxià.

_____

(3) 你　能　从　这儿　爬上　（　　　　）吗？
Nǐ　néng　cóng　zhèr　páshàng　　　　　ma ?

_____

(4) 上课　了。王　老师　走进　教室　（　　　　）了。
Shàngkè　le.　Wáng　lǎoshī　zǒujìn　jiàoshì　　　　　le.

_____

3 絵を見ながら、音声の質問に中国語で答えましょう。　　　　　　　　　　DL 165

(1)　　　　　　　　　　(2)　　　　　　　　　　(3)

_____　　_____　　_____

妈妈 的 邮件
Māma　de　yóujiàn

晚上，　王　静　收到　了　妈妈　的　邮件。　妈妈　让　她
Wǎnshang,　Wáng Jìng shōudào le　māma　de　yóujiàn.　Māma　ràng　tā

今年　一定　回去　过　春节。
jīnnián　yídìng　huíqu　guò　Chūnjié.

王　静　知道，　她　来　日本　以后，　妈妈　一直　很　寂寞。
Wáng Jìng zhīdao,　tā　lái　Rìběn　yǐhòu,　māma　yìzhí　hěn　jìmò.

于是，　她　马上　给　妈妈　回　了　一　个　邮件，　说　今年　一定
Yúshì,　tā　mǎshàng　gěi　māma　huí　le　yí　ge　yóujiàn,　shuō　jīnnián　yídìng

回去。　发完　邮件　后，　她　从　抽屉　里　拿出来　一　张　照片。
huíqu.　Fāwán　yóujiàn　hòu,　tā　cóng　chōuti　li　náchūlai　yì　zhāng　zhàopiàn.

那　是　她　和　妈妈　的　合影。
Nà　shì　tā　hé　māma　de　héyǐng.

单/語

邮件 yóujiàn 图 Eメール　　收 shōu 動 受ける（"收到"は、動詞"收"＋結果補語"到"の構造）
一定 yídìng 圖 きっと、必ず　　过 guò 動 （特定の日を）祝う　　一直 yìzhí 圖 ずっと
寂寞 jìmò 厖 寂しい　　于是 yúshì 接 そこで、それで　　马上 mǎshàng 圖 すぐに　　回 huí 動 返事をする
抽屉 chōuti 图 引き出し　　照片 zhàopiàn 图 写真　　合影 héyǐng 图 一緒に写っている写真

トレーニング 14 B

1 講読の内容に関する質問に、中国語で答えましょう。

（1）王　　静　收到　了　谁　的　邮件？
　　　Wáng　Jìng　shōudào　le　shéi　de　yóujiàn?

（2）王　　静　今年　回去　过　春节　吗？
　　　Wáng　Jìng　jīnnián　huíqu　guò　Chūnjié　ma?

（3）王　　静　从　抽屉　里　拿出来　什么？
　　　Wáng　Jìng　cóng　chōuti　li　náchūlai　shénme?

2 ［　］の日本語に従って、次の文を書き換えましょう。

　　　她　　回来　了。
　　　Tā　　huílai　le.

（1）［彼女は走って帰って来ました。］

（2）［彼女は日本に帰って来ました。］

（3）［彼女は中国から帰って来ました。］

3 中国語に訳しましょう。

（1）先生は毎日私たちに宿題をさせる。

（2）彼は教室に入って行った。

（3）母は私を夜外出させない。

　　　＊外出する：“出去”chūqu

第 15 课 (Dì shíwǔ kè)

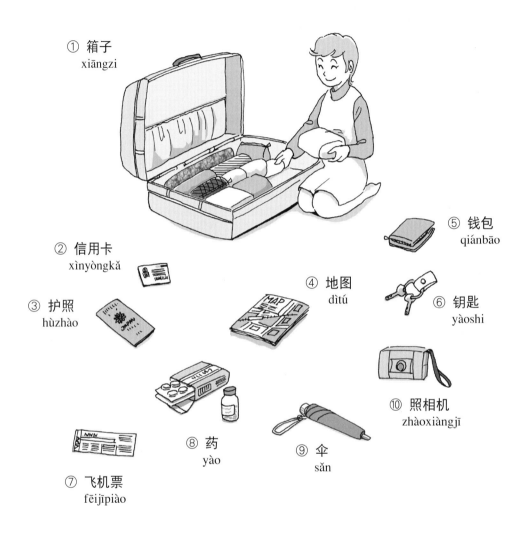

① 箱子 xiāngzi

② 信用卡 xìnyòngkǎ

③ 护照 hùzhào

④ 地图 dìtú

⑤ 钱包 qiánbāo

⑥ 钥匙 yàoshi

⑦ 飞机票 fēijīpiào

⑧ 药 yào

⑨ 伞 sǎn

⑩ 照相机 zhàoxiàngjī

■ 上海観光 ■

　中国最大の都市・上海。明代の庭園と街並みを再現した観光地・豫園では美味しいショーロンポー（"小笼包" xiǎolóngbāo）が食べられ、黄浦江を挟んで向き合う外灘と浦東では租界時代の歴史的建築物と近未来的な超高層ビル群がライトアップされ、幻想的な夜景を楽しめます。上海から少し足を延ばせば、水郷と庭園の都・蘇州（"苏州" Sūzhōu）と風光明媚な杭州（"杭州" Hángzhōu）があります。世界遺産である杭州の西湖（"西湖" Xīhú）では、遊覧船に揺られて、杭州特産の最高級緑茶・龍井茶（"龙井茶" Lóngjǐngchá）を味わいながら絶景を堪能できます。

1. 可能補語

DL 170

動詞と結果補語・方向補語の間に "得" ／ "不" を加えて、可能・不可能を表わす。

動詞 + "得" ／ "不" + 結果補語・方向補語　（～できる ／ ～できない）

看懂 （見て理解する）	→	看得懂	看不懂
kàndǒng		kàndedǒng	kànbudǒng
找到 （探し当てる）	→	找得到	找不到
zhǎodào		zhǎodedào	zhǎobudào
回来 （帰って来る）	→	回得来	回不来
huílai		huídelái	huíbulái

我　看不懂　中国　电影。　　　你　八　点　回得来　回不来？
Wǒ　kànbudǒng　Zhōngguó　diànyǐng.　　Nǐ　bā　diǎn　huídelái　huíbulái?

2. 「受け身」を表わす "被" bèi

主語 + "被"（+ 行為者）+ 動詞 + "了"、補語など　　（… に ～ される）

他　被　老师　批评　了。　　　我　的　照相机　被　（人）　偷　了。
Tā　bèi　lǎoshī　pīpíng　le.　　Wǒ　de　zhàoxiàngjī　bèi　(rén)　tōu　le.

*批评 動 叱る　*偷 動 盗む

▶ "被" の後の「行為者」は省くことができる。

▶ 否定文は "没(有)" ／ "不" を "被" の前に置く。　他　没(有)　被　老师　批评。
　　　　　　　　　　　　　　　　　　　　　　　　　　Tā　méi(you)　bèi　lǎoshī　pīpíng.

3. "把" bǎ の文

介詞 "把" を用いて目的語を動詞の前に出し、その目的語が示す人・物を「どのようにする」かを述べる文。目的語は特定のものであり、動詞の後には何らかの語が必要となる。

主語 + "把" + 目的語 + 動詞 + "了"、"一下"、補語など　　（～は…を～する）

我　把　钥匙　忘　了。　　　请　把　你　的　地址　写　一下。
Wǒ　bǎ　yàoshi　wàng　le.　　Qǐng　bǎ　nǐ　de　dìzhǐ　xiě　yíxià.

*忘 動 忘れる

他　把　作业　做完　了。　　　你　把　伞　带来　了　吗？
Tā　bǎ　zuòyè　zuòwán　le.　　Nǐ　bǎ　sǎn　dàilai　le　ma?

*地址 图 住所

▶ 否定文は "没(有)" ／ "不" を "把" の前に置く。

他　没(有)　把　作业　做完。
Tā　méi(you)　bǎ　zuòyè　zuòwán.

欢迎 你 来 上海！
Huānyíng nǐ lái Shànghǎi!

高木： 今年 春节 你 回得去 上海 吗？
Jīnnián Chūnjié nǐ huídequ Shànghǎi ma?

李民： 回得去。 你 想 不 想 体验 中国 的 春节？
Huídequ. Nǐ xiǎng bu xiǎng tǐyàn Zhōngguó de Chūnjié?

高木： 想。 可是 我 没有 被 邀请 啊。
Xiǎng. Kěshì wǒ méiyou bèi yāoqǐng a.

李民： 我 邀请 你。 欢迎 你 来 上海！
Wǒ yāoqǐng nǐ. Huānyíng nǐ lái Shànghǎi!

高木： 我 要是 去， 你 来 机场 接 我 吗？
Wǒ yàoshi qù, nǐ lái jīchǎng jiē wǒ ma?

李民： 当然！ 这么 说， 你 决定 来 上海 了？
Dāngrán! Zhème shuō, nǐ juédìng lái Shànghǎi le?

高木： 嗯。 我 把 日子 定 了 就 告诉 你。
Ng. Wǒ bǎ rìzi dìng le jiù gàosu nǐ.

李民： 太 好 了！ 我 在 上海 等着 你！
Tài hǎo le! Wǒ zài Shànghǎi děngzhe nǐ!

単 語

体验 tǐyàn 動 体験する　　邀请 yāoqǐng 動 招く　　要是 yàoshi 接 もし、仮に　　机场 jīchǎng 名 空港　　接 jiē 動 出迎える（↔ 送 sòng）　　当然 dāngrán 副 当然、もちろん　　这么 zhème 代 このように、そのように　　定 dìng 動 決める　　就 jiù 副 〈条件を受けて〉それなら、そうしたら

トレーニング 15 A

1 次のピンインを漢字に直し、さらに訳しましょう。　　　　　　DL 174

(1) Tā Chūnjié huíbuqù Shànghǎi.　　———————————————

(2) Nǐ bèi tāmen yāoqǐng le ma?　　———————————————

(3) Wǒ hái méi bǎ rìzi gàosu tāmen.　———————————————

2 日本語を参考に、語を並べ替えましょう。

(1) 私は中国語の新聞を読んでわからない。

报纸	不	懂	看	我	中文
bàozhǐ	bù	dǒng	kàn	wǒ	Zhōngwén

———————————————————————————————————

(2) ノートは友だちに借りて行かれた。

被	借	了	去	朋友	笔记本
bèi	jiè	le	qù	péngyou	bǐjìběn

———————————————————————————————————

(3) あなたの携帯番号を書いてください。

把	你	请	写	一下	手机	号码	的
bǎ	nǐ	qǐng	xiě	yíxià	shǒujī	hàomǎ	de

———————————————————————————————————

3 絵を見ながら、音声の質問に中国語で答えましょう。　　　　DL 175

(1)　　　　　　　　　(2)　　　　　　　　　(3)

————————　　————————　　————————

饯行

Jiànxíng

王 静 下 星期 回 国，今天，大山 为 她 饯行。 晚上，
Wáng Jìng xià xīngqī huí guó, jīntiān, Dàshān wèi tā jiànxíng. Wǎnshang,

王 静 被 大山 带进 一 家 日餐馆。服务员 把 菜单 拿来
Wáng Jìng bèi Dàshān dàijìn yì jiā rìcānguǎn. Fúwùyuán bǎ càidān nálai

后， 大山 点 了 很 多 菜。 王 静 说："点 这么 多，
hòu, Dàshān diǎn le hěn duō cài. Wáng Jìng shuō: "Diǎn zhème duō,

吃得完 吃不完？" 大山 说："吃得完。今天 你 千万 别 客气！"
chīdewán chībuwán? " Dàshān shuō: " Chīdewán. Jīntiān nǐ qiānwàn bié kèqi! "

生鱼片 上来 了， 炸鸡串儿 上来 了， 海鲜 火锅 也
Shēngyúpiàn shànglai le, zhájīchuànr shànglai le, hǎixiān huǒguō yě

上来 了……。 王 静 说："这些 菜，我 都 喜欢 吃！"
shànglai le .... Wáng Jìng shuō: "Zhèxiē cài, wǒ dōu xǐhuan chī! "

大山 听 了 非常 高兴。
Dàshān tīng le fēicháng gāoxìng.

単 語

饯行 jiànxíng 動 （食事をして）送別する　　下 xià 名 次の（↔ "上" shàng）　　回国 huí guó 帰国する

为 wèi 介 ～のために　　日餐馆 rìcānguǎn 名 和食レストラン　　服务员 fúwùyuán 名 （レストラン・ホテルな

どの）従業員　　菜单 càidān 名 メニュー　　点 diǎn 動 （メニューから）注文する　　千万 qiānwàn 副 （強く

念を押し）くれぐれも、ぜひとも　　别 bié 副 〈禁止〉～してはいけない　　客气 kèqi 動 遠慮する

生鱼片 shēngyúpiàn 名 刺身　　上 shàng 動 （料理などを）テーブルに運ぶ　　炸鸡串儿 zhájīchuànr 名 焼き鳥

海鲜 hǎixiān 名 海鮮　　火锅 huǒguō 名 なべ料理

トレーニング 15 B

1　講読の内容に関する質問に、中国語で答えましょう。

(1)　王　　静　被　大山　带进　了　哪儿？＿＿＿＿＿＿＿＿＿＿＿＿＿＿＿＿
　　　Wáng　Jìng　bèi　Dàshān　dàijìn　le　nǎr ?

(2)　服务员　把　什么　拿来　了？　　＿＿＿＿＿＿＿＿＿＿＿＿＿＿＿＿
　　　Fúwùyuán　bǎ　shénme　nálai　le ?

(3)　大山　说　菜　吃得完　吃不完？　＿＿＿＿＿＿＿＿＿＿＿＿＿＿＿＿
　　　Dàshān　shuō　cài　chīdewán　chībuwán ?

2　[　]の指示に従って、次の文を書き換えましょう。

(1)　他　洗好　衣服　了。　　　　　　　["把" の文に]
　　　Tā　xǐhǎo　yīfu　le.

　　　＿＿＿＿＿＿＿＿＿＿＿＿＿＿＿＿＿＿＿＿＿＿＿＿＿＿＿＿＿＿＿＿

(2)　我　带　照相机　来　了。　　　　　["把" の文に]
　　　Wǒ　dài　zhàoxiàngjī　lai　le.

　　　＿＿＿＿＿＿＿＿＿＿＿＿＿＿＿＿＿＿＿＿＿＿＿＿＿＿＿＿＿＿＿＿

(3)　妹妹　吃　了　我　的　蛋糕。　　　[受け身文に]
　　　Mèimei　chī　le　wǒ　de　dàngāo.

　　　＿＿＿＿＿＿＿＿＿＿＿＿＿＿＿＿＿＿＿＿＿＿＿＿＿＿＿＿＿＿＿＿

3　中国語に訳しましょう。

(1)　私はレポートを書き終えることができない。＿＿＿＿＿＿＿＿＿＿＿＿＿
　　　　　　　　　　（可能補語を用いて）

(2)　私は財布を忘れてしまいました。　　＿＿＿＿＿＿＿＿＿＿＿＿＿＿＿
　　　　　　　　　　（ "把" を用いて）

(3)　彼は先生にほめられた。　　　　　　＿＿＿＿＿＿＿＿＿＿＿＿＿＿＿
　　　　＊ほめる： "表扬" biǎoyáng

高木さんの自己紹介

大家 好！
Dàjiā hǎo!

我 姓 高木， 叫 高木 望。 我 今年 十九 岁， 是 东西
Wǒ xìng Gāomù, jiào Gāomù Wàng. Wǒ jīnnián shíjiǔ suì, shì Dōngxī

大学 经济 系 一 年级 学生。
dàxué jīngjì xì yī niánjí xuésheng.

我 老家 在 高知 县。 你们 知道 高知 县 吗？ 那儿 可以
Wǒ lǎojiā zài Gāozhī xiàn. Nǐmen zhīdao Gāozhī xiàn ma? Nàr kěyǐ

看到 一望无际 的 太平洋， 可以 洗 温泉， 还 可以 吃
kàndào yíwàng-wújì de Tàipíngyáng, kěyǐ xǐ wēnquán, hái kěyǐ chī

各种 海鲜， 是 个 非常 美丽 的 地方。
gèzhǒng hǎixiān, shì ge fēicháng měilì de dìfang.

我 的 爱好 是 弹 吉他。 我 还 喜欢 唱 歌儿。 没 事儿 的
Wǒ de àihào shì tán jítā. Wǒ hái xǐhuan chàng gēr. Méi shìr de

时候， 我 常常 在 家 一边儿 弹 吉他， 一边儿 唱 歌儿。
shíhou, wǒ chángcháng zài jiā yìbiānr tán jítā, yìbiānr chàng gēr.

单 语

经济 jīngjì 图 経済　　系 xì 图 学部　　老家 lǎojiā 图 故郷、実家　　县 xiàn 图 県
一望无际 yíwàng-wújì〈成語〉見渡す限り果てしない　　温泉 wēnquán 图 温泉（"洗温泉"温泉に入る）
各种 gèzhǒng 图 各種の、さまざまな　　美丽 měilì 图〈書き言葉〉美しい、きれい
弹 tán 動（ギターやピアノなどを）弾く　　吉他 jítā 图 ギター

我 很 想 去 中国 旅游，因为 我 想 尝尝 地道 的
Wǒ hěn xiǎng qù Zhōngguó lǚyóu, yīnwèi wǒ xiǎng chángchang dìdao de

四川 菜。 听说 中国 的 京剧、 杂技 也 很 有 意思。
Sìchuān cài. Tīngshuō Zhōngguó de jīngjù、 zájì yě hěn yǒu yìsi.

俗话 说，"百闻 不如 一见"， 我 想 亲眼 看看 中国。
Súhuà shuō, "bǎiwén bùrú yíjiàn", wǒ xiǎng qīnyǎn kànkan Zhōngguó.

我 的 自我 介绍 完 了， 谢谢 大家！
Wǒ de zìwǒ jièshào wán le, xièxie dàjiā!

DL 180

単 語

尝 cháng 動 味わう　　地道 dìdao 形 本場のものである　　四川 Sìchuān 名 四川

听说 tīngshuō 動 （人から）聞いている、～だそうだ　　杂技 zájì 名 雑技（中国の曲芸）

俗话 súhuà 名 ことわざ　　百闻不如一见 bǎiwén bùrú yíjiàn 〈ことわざ〉百聞は一見にしかず

王静さんから大山さんへのメール

大山, 你 好！
Dàshān, nǐ hǎo !

我 回到 北京 已经 一 个 多 星期 了。这些 天 我 差不多
Wǒ huídào Běijīng yǐjīng yí ge duō xīngqī le. Zhèxiē tiān wǒ chàbuduō

每天 都 出门, 见见 朋友, 跟 妈妈 买买 东西。 不过
měitiān dōu chūmén, jiànjian péngyou, gēn māma mǎimai dōngxi. Búguò

我 晚上 都 在 家, 和 爸爸、 妈妈 聊天儿 或者 看 电视。
wǒ wǎnshang dōu zài jiā, hé bàba、 māma liáotiānr huòzhě kàn diànshì.

快 到 春节 了, 家家户户 都 在 打扫 卫生, 买 年货, 贴
Kuài dào Chūnjié le, jiājiāhùhù dōu zài dǎsǎo wèishēng, mǎi niánhuò, tiē

对联 什么的, 到处 都 是 节日 气氛。
duìlián shénmede, dàochù dōu shì jiérì qìfēn.

这次 回来, 我 发现 北京 又 有 了 很 多 变化。 大街 上
Zhècì huílai, wǒ fāxiàn Běijīng yòu yǒu le hěn duō biànhuà. Dàjiē shang

的 女 孩子们 化妆 更 讲究 了。 现在 生活 越来越 好,
de nǚ háizimen huàzhuāng gèng jiǎngjiu le. Xiànzài shēnghuó yuèláiyuè hǎo,

---

单 语

回到 huídào ～に帰り着く　　出门 chū//mén 動 外出する　　见 jiàn 動 会う　　和 hé 介 ～と（＝ "跟"）

或者 huòzhě 接 あるいは　　家家户户 jiājiāhùhù 图 家々、各家　　打扫卫生 dǎsǎo wèishēng 掃除する

年货 niánhuò 图 正月用品　　贴 tiē 動 貼る　　对联 duìlián 图 対聯（対句を書いた掛け物）

到处 dàochù 副 至るところ、あちこち　　节日 jiérì 图 祝日　　这次 zhècì 代 今回　　发现 fāxiàn 動 気づく

又 yòu 副 また　　有 yǒu 動 発生する、生じる　　变化 biànhuà 图 変化　　大街 dàjiē 图 大通り

孩子 háizi 图 子ども（"女孩子" 女の子、若い女性）　　-们 -men 接尾 ～たち　　化妆 huàzhuāng 图 化粧

更 gèng 副 いっそう、さらに　　讲究 jiǎngjiu 形 凝っている　　越来越 yuèláiyuè ますます

人们　也　越来越　注重　外表美　了。特别　是　女　孩子们，
rénmen　yě　yuèláiyuè　zhùzhòng　wàibiǎoměi　le. Tèbié　shì　nǚ　háizimen,

她们　对　日本　和　韩国　的　化妆　非常　感　兴趣。
tāmen　duì　Rìběn　hé　Hánguó　de　huàzhuāng　fēicháng　gǎn　xìngqù.

你　过得　好　吗？一　个　星期　踢　几　天　足球？我　妈妈　让
Nǐ　guòde　hǎo　ma？Yí　ge　xīngqī　tī　jǐ　tiān　zúqiú？Wǒ　māma　ràng

我　三　月　底　回　日本，可是　离　三　月　底　还　有　一　个　多
wǒ　sān　yuè　dǐ　huí　Rìběn,　kěshì　lí　sān　yuè　dǐ　hái　yǒu　yí　ge　duō

月　呢！
yuè　ne！

你　踢　球　的　时候　一定　要　注意　安全　啊！
Nǐ　tī　qiú　de　shíhou　yídìng　yào　zhùyì　ānquán　a！

王　静
Wáng　Jìng

DL 183

单　语

人们 rénmen 图 人々　　注重 zhùzhòng 動 重視する　　外表美 wàibiǎoměi （人の）外見の美しさ

底 dǐ （年・月の）末、終わり　　离 lí 前〈2点間の時間的な隔たり〉～まで　　注意 zhùyì 動 気をつける

安全 ānquán 图 安全

中国語で答えよう！

1. 你叫什么名字？

2. 你的生日几月几号？

3. 你老家是哪儿？

4. 你有兄弟姐妹吗？

   * 兄弟姐妹 xiōngdì jiěmèi 图 兄弟姉妹

5. 你有没有中国朋友？

6. 你是哪个大学的？

7. 你的专业是什么？

   * 专业 zhuānyè 图 専攻

8. 你是几年级学生？

9. 你学习忙不忙？

10. 今天你有几节课？

11. 星期六你也要上学吗？

12. 你每天怎么来学校？

13. 你家离学校远不远？

14. 从你家到学校要多长时间？

15. 你常去学生食堂吃饭吗？

16. 你每天几点起床？ ....

17. 你每天睡觉睡得晚不晚？ ....

18. 你周末打不打工？ ....

19. 下星期天你干什么？ ....

20. 你有什么爱好？ ....

21. 你会不会开车？ ....

22. 你喜欢吃日本菜，还是喜欢吃中国菜？ ....

23. 你唱歌儿唱得怎么样？ ....

24. 夏天你常去海边儿玩儿吗？ ....

25. 你想去国外旅游吗？ ....
    * 国外 guówài 图 国外

26. 你觉得汉语发音难不难？ ....
    * 发音 fāyīn 图 発音

27. 你对中国的历史感兴趣吗？ ....

28. 你看过中国电影吗？ ....

29. 你看得懂中文小说吗？ ....

30. 你知道中国有多少个少数民族吗？ ....
    * 少数民族 shǎoshù mínzú 图 少数民族

単語リスト

* □内の数字は初出の課、発は発音、付は付録の
ページを示す。コラムは含まない。

* ピンイン中の // は、離合動詞であることを示す。

A

a	啊	助	①〈感嘆の語気を表わす〉	4
			②〈語気を和らげる〉	7
àihào	爱好	名	趣味	8
ānquán	安全	名	安全	付

B

bā	八	数	8	発4
bǎ	把	介	～を	15
bàba	爸爸	名	お父さん、父	発4
ba	吧	助	①〈勧誘・提案〉～しま しょう、～してくだ さい	7
			②〈推量・確認〉～で しょう	7
bǎi	百	数	100	発4
bǎiwén bùrú yíjiàn	百闻不如一见		〈ことわざ〉百聞は一見に しかず	付
bān	班	名	クラス	4
bàn	半	数	30分、～半	5
bàngqiú	棒球	名	野球	10
bāo	包	動	包む、(ギョーザを) 作る	9
bāozi	包子	名	中華まん	3
bàogào	报告	名	レポート	13
bàozhǐ	报纸	名	新聞	2
bēi	杯	量	～杯	4
bēizi	杯子	名	コップ、湯呑み	7
Běijīng	北京	名	北京〔ぺきん〕	発5
Běijīng kǎoyā	北京烤鸭	名	北京ダック	8
bèi	被	介	〈受け身〉～される	15
běn	本	量	～冊	4
bǐ	笔	名	ペン	2
bǐjìběn	笔记本	名	ノート	2

bǐ	比	介	〈比較〉～より	11
bǐjiào	比较	副	比較的、割と	12
bǐsài	比赛	名	試合	10
biàn	遍	量	〈動作の始めから終わり までを数える〉～回、 ～遍	11
biànhuà	变化	名	変化	付
biànlìdiàn	便利店	名	コンビニ	3
biǎoyáng	表扬	動	ほめる	15
bié	别	副	～してはいけない	15
biéde	别的	代	他の	11
bīngqílín	冰淇淋	名	アイスクリーム	4
bìng	病	名	病気	発12
bù	不	副	〈否定〉～ない	発1
bu	不	助	〈不可能を表わす〉	15
búcuò	不错	形	なかなかよい	13
búguò	不过	接	しかし	10
bù hǎoyìsi	不好意思		気恥ずかしい	8
bú kèqi	不客气		どういたしまして	発
bú shì	不是		〈応答〉違います	1
bú tài	不太		あまり～でない	10
búyòng	不用	副	～しなくてもよい	7
bùzhì	布置	動	(宿題を) 出す	13

C

cài	菜	名	料理	9
càidān	菜单	名	メニュー	15
cānjiā	参加	動	参加する、出場する	10
cāochǎng	操场	名	グラウンド	3
chá	茶	名	お茶	発
chá	查	動	(辞書などで) 調べる	7
chàbuduō	差不多	副	ほぼ、ほとんど	13
cháng	尝	動	味わう	付
cháng	常	副	いつも、よく	3
chángcháng	常常	副	いつも、よく	9
Chángchéng	长城	名	万里の長城〔ばんり ちょうじょう〕	8
Chángjiāng	长江	名	長江〔ちょうこう〕	発
chàng	唱	動	歌う	6

110

chāoshì	超市	名 スーパーマーケット	5
chǎofàn	炒饭	名 チャーハン	7
chēzhàn	车站	名 駅	6
chènshān	衬衫	名 （襟付きの）シャツ	11
chī	吃	動 食べる	4
chōuti	抽屉	名 引き出し	14
chū	出	動 出る	14
chū//mén	出门	動 外出する	付
chuān	穿	動 着る、履く	11
chūnjià	春假	名 春休み	8
Chūnjié	春节	名 春節、（中国の）旧正月	12
cídiǎn	词典	名 辞書	発2
cì	次	量 ～回	8
cóng	从	介 （起点としての）～から	5
cóng ~ dào…	从～到…	～から…まで	5
cuò	错	形 間違っている	13

D

dǎ	打	動 ①（電話を）かける	8
		②（球技・太極拳などを）する	10
dǎ//gōng	打工	動 アルバイトをする	5
dǎkāi	打开	（手で）開ける、開く	12
dǎsǎo wèishēng	打扫卫生	掃除する	付
dà	大	形 大きい（↔ 小 xiǎo）	発11
dàbā	大巴	名 長距離バス	8
Dàbǎn	大阪	名 大阪	発
dàgài	大概	副 たぶん	7
dàgē	大哥	名 一番上の兄	4
dàjiā	大家	名 みんな、みなさん	10
dàjiē	大街	名 大通り	付
Dàshān Héyě	大山和也	名 大山和也	1
dàxué	大学	名 大学	発1
dàxuéshēng	大学生	名 大学生	1
dài	带	動 ① 携帯する	11
		② 連れる、案内する	9
dài	戴	動 （メガネや帽子などを）着用する	11
dānxīn	担心	動 心配する、気づかう	5
dàngāo	蛋糕	名 ケーキ	4
dāngrán	当然	副 当然、もちろん	15
dào	到	介 ～まで	5
		動 ① 着く	13
		②〈動作が達したことを	

		表わす〉	13
dàochù	到处	副 至る所、あちこち	付
de	的	助 ①～の	2
		②〈"是～的"の文に使う〉	12
de	得	助 ①〈動詞の後について様態補語を導く〉	10
		②〈可能を表わす〉	15
děng	等	動 待つ	7
		助 ～など	8
Díshìní lèyuán	迪士尼乐园	名 ディズニーランド	7
dǐ	底	（年・月の）末、終わり	付
dì	第	接頭 第～	1
dìyī	第一	数 ナンバーワン	14
dìdao	地道	形 本場のものである	付
dìfang	地方	名 場所	12
dìtú	地图	名 地図	15
dìzhǐ	地址	名 住所	15
dìdi	弟弟	名 弟	4
diǎn	点	名 ～時	5
		動 （メニューから）注文する	15
diǎnr	点儿	量 少し（＝"一点儿"）	14
diàn	店	名 店	4
diànchē	电车	名 電車	7
diànhuà	电话	名 電話	8
diànnǎo	电脑	名 パソコン	2
diànshì	电视	名 テレビ	5
diànyǐng	电影	名 映画	8
diànzǐ yóuxì	电子游戏	名 電子ゲーム	8
dìng	定	動 決める	15
Dōngjīng	东京	名 東京	発6
dōngxi	东西	名 物、品物	2
dōngtiān	冬天	名 冬	12
dōngyī	冬衣	名 冬服	12
dǒng	懂	動 理解する	13
dòngmàn	动漫	名 アニメ	11
dōu	都	副 みな、すべて	2
duǎnxìn	短信	名 携帯メール	8
duì	对	形 そのとおりだ、正しい	4
		介 ～に対して、～について	8
duìbuqǐ	对不起	すみません	発13
duìlián	对联	名 対聯（対句を書いた掛け物）	付

duìmiàn	对面	名 向かい	8
duō	多	形 多い（↔ 少 shǎo）	9
		数 ～あまり、～以上	5
duō cháng shíjiān	多长时间	どのくらい長い時間	6
duō dà	多大	（年齢について）いくつ	12
~duō le	～多了	（比較して）ずっと～	11
duōshao	多少	疑 どのくらい	4
duōshao qián	多少钱	いくら	4
Duōlā A mèng	哆啦A梦	名 ドラえもん	11

E

è	饿	形 空腹である	11
èr	二	数 2	発4
èrgē	二哥	名 二番目の兄	4

F

fā	发	動 （メールを）送る	8
fāxiàn	发现	動 気づく	付
fāyīn	发音	名 発音	付
fàn	饭	名 ご飯、食事	5
fànguǎnr	饭馆儿	名 レストラン	6
fāngmiàn	方面	名 分野	13
fángjiān	房间	名 部屋	2
fángjiānfèi	房间费	名 部屋代	6
fàng	放	動 ①置く	11
		②（休みに）入る	13
fēicháng	非常	副 非常に	5
fēijīpiào	飞机票	名 航空券	15
fēn	分	名 ～分	5
fēnzhōng	分钟	名 ～分間	5
fúwùyuán	服务员	名 レストラン・ホテルなど の従業員	15
fúzhuāngdiàn	服装店	名 衣料品店	12
fùjìn	附近	名 付近、近く	3
fùmǔ	父母	名 両親	14
Fùshìshān	富士山	名 富士山	8

G

gālífàn	咖喱饭	名 カレーライス	7
gǎn xìngqù	感兴趣	興味を覚える	8
gàn	干	動 する、やる	9
gāng	刚	副 ～したばかりである	13

gāo	高	形 （高さが）高い	4
Gāomù	高木	名 高木	1
gāoxìng	高兴	形 うれしい	12
gàosu	告诉	動 知らせる、教える	12
gēge	哥哥	名 兄	4
gēr	歌儿	名 歌	6
gèdì	各地	名 各地	9
gèzhǒng	各种	形 各種の、さまざまな	付
gèzì	各自	代 各自、各々	10
gèzi	个子	名 身長	4
ge	个	量 〈広く人や物を数える〉	4
gěi	给	介 ～に、～のために	8
		動 与える	12
gēn	跟	介 ～と（一緒に）	8
gèng	更	副 いっそう、さらに	付
gōngfēn	公分	名 センチメートル	11
gōngjiāochē	公交车	名 路線バス	6
gōngsī	公司	名 会社	4
gōngzuò	工作	動 働く	5
		名 仕事	5
gòuwù	购物	動 ショッピングをする	8
Gùgōng	故宫	名 故宮（こきゅう）	8
Guǎngdōng	广东	名 広東（かんとん）	発
guì	贵	形 （値段が）高い （↔ 便宜 piányi）	4
guìxìng	贵姓	〈尊敬の気持ちを含む〉 お名前は	1
Guóqìngjié	国庆节	名 国慶節（こっけいせつ）（10月1日の 建国記念日）	12
guówài	国外	名 国外	付
guǒzhī	果汁	名 ジュース	4
guò	过	動 ①過ごす	6
		②過ぎる	14
		③（特定の日を）祝う	14
guo	过	助 〈経験〉～したことが ある	8

H

hái	还	副 ①（他に）まだ	3
		②（依然として）まだ	6
háishi	还是	接 それとも	7
háizi	孩子	名 子ども（"女孩子"女の子、 若い女性）	付
hǎibiānr	海边儿	名 海岸	7

hǎixiān	海鲜	名 海鮮	15
Hánguórén	韩国人	名 韓国人	1
hánjià	寒假	名 冬休み	13
hànbǎobāo	汉堡包	名 ハンバーガー	4
Hànyǔ	汉语	名 中国語	2
hǎo	好	形 ① よい	1
		② よろしい、OK	7
		③〈動作が完成したこと	
		を表わす〉	13
hǎochī	好吃	形（食べ物が）おいしい	4
hǎohāor	好好儿	副 思う存分に、十分に	13
hǎohē	好喝	形（飲み物が）おいしい	9
hào	号	名 ～日	12
hàomǎ	号码	名 番号	4
hē	喝	動 飲む	4
hé	和	接 ～と	2
		介 ～と（＝ "跟"）	付
héfàn	盒饭	名 弁当	3
héshì	合适	形 合っている、ぴったり	
		である	11
héyǐng	合影	名 一緒に写っている写真	14
hēibǎn	黑板	名 黒板	発
hěn	很	副 とても、たいへん	4
hěn duō	很多	多くの～	8
hóng	红	形 赤い	7
hóngchá	红茶	名 紅茶	7
hóng rìzi	红日子	祝日	7
hòu	后	名 ～のあと（↔ 前 qián）	5
hòubianr	后边儿	名 後ろ	8
hòutiān	后天	名 あさって	12
hùzhào	护照	名 パスポート	15
huār	花儿	名 花	発
huà	话	名 話、言葉	13
huàzhuāng	化妆	名 化粧	付
huānyíng	欢迎	動 歓迎する	9
huánjìng	环境	名 環境	13
Huánghé	黄河	名 黄河（こうが）	発
huí	回	動 ① 帰る、戻る	14
		② 返事をする	14
huídào	回到	～に帰り着く	付
huíguōròu	回锅肉	名 ホイコーロー	9
huí guó	回国	帰国する	15
huí jiā	回家	帰宅する	5
huì	会	助動〈会得して〉～できる	
			9

huódòng	活动	名 活動	9
huǒguō	火锅	名 なべ料理	15
huòzhě	或者	接 あるいは	付

J

jīchǎng	机场	名 空港	15
jítā	吉他	名 ギター	付
jǐ	几	疑 いくつ	4
jìmò	寂寞	形 寂しい	14
jiā	家	名 家、家庭	発 4
		量〈店を数える〉～軒	5
jiājiāhùhù	家家户户	名 家々、各家	付
jiàzhào	驾照	名 運転免許証	9
jiàn	见	動 会う	付
jiàn	件	量〈服を数える〉～着	4
jiànjiàn	渐渐	副 だんだん、次第に	12
jiànkāng	健康	形 健康である	発
jiànxíng	饯行	動（食事をして）送別する	15
jiǎngjiu	讲究	形 凝っている	付
jiāo	教	動 教える	12
jiāoliú	交流	動 交流する	10
jiǎozi	饺子	名 ギョーザ	発 9
jiào	叫	動 ①（名前を）～という	1
		②〈使役〉～させる、	
		～するように言う、	
		～てもらう	14
jiàoshì	教室	名 教室	発 3
jiē	接	動 出迎える（↔ 送 sòng）	15
jié	节	量〈授業を数える〉～時限	6
jiérì	节日	名 祝日	付
jiějie	姐姐	名 姉	4
jiè	借	動 借りる、貸す	3
jièshào	介绍	名 紹介、説明	13
Jīn Dōngguó	金东国	名 金東国	1
jīnnián	今年	名 今年	12
jīntiān	今天	名 今日	3
jìn	近	形 近い（↔ 远 yuǎn）	6
jìn	进	動 入る	14
jīngjì	经济	名 経済	付
jīngjù	京剧	名 京劇	8
jìngzi	镜子	名 鏡	11
jiǔ	九	数 9	発 4
jiǔ	酒	名 酒	14
jiù	旧	形 古い（↔ 新 xīn）	12

jiù	就	副 〈条件を受けて〉それなら、そうしたら	15
jùlèbù	俱乐部	名 クラブ	9
juéde	觉得	動 感じる、思う	11
juédìng	决定	動 決める	8

K

kāfēi	咖啡	名 コーヒー	発4
kǎlā OK	卡拉 OK	名 カラオケ	6
kāi//chē	开车	動 車を運転する	9
kāishǐ	开始	動 始まる	5
kāixīn	开心	形 愉快である、楽しい	10
kāiyǎn	开演	動 (映画の上映が) 始まる	13
kàn	看	動 見る、読む	3
kǎo//shì	考试	動 試験をする、試験を受ける	13
kělè	可乐	名 コーラ	4
kěshì	可是	接 しかし	8
kěyǐ	可以	助動 〈許可〉〜してよい	10
kè	课	名 ① (教科書の) 課	1
		② 授業	3
kèběn	课本	名 教科書	2
kèqi	客气	動 遠慮する	15
kěndìng	肯定	副 必ず、間違いなく	12
kùzi	裤子	名 ズボン	11
kuài	快	形 (速度が) 速い (↔ 慢 màn)	10
		副 はやく	14
kuài 〜 le	快〜了	もうすぐ〜だ	13
kuàicāndiàn	快餐店	名 ファストフード店	7
kuàilè	快乐	形 楽しい	12
kuàiyào 〜 le	快要〜了	もうすぐ〜だ	13
kuàizi	筷子	名 箸	
kùn	困	形 眠い	11

L

là	辣	形 辛い	11
Làbǐ Xiǎo Xīn	蜡笔小新	名 クレヨンしんちゃん	11
lái	来	動 来る	3
lǎojiā	老家	名 故郷、実家	付
lǎoshī	老师	名 先生、教師	発1
le	了	助 ① 〈完了〉〜した	6
		② 〈変化〉〜になった、	

		〜になる	12
lèi	累	形 疲れている	5
lěng	冷	形 寒い (↔ 热 rè)	11
lí	离	介 ① 〈2 点間の距離〉〜から	6
		② 〈2 点間の時間的隔たり〉〜まで	付
Lǐ Mín	李民	名 李民	1
lǐbianr	里边儿	名 中、奥	8
lǐwù	礼物	名 贈り物、プレゼント	12
lìshǐ	历史	名 歴史	8
lìyòng	利用	動 利用する	9
li	里	接尾 〜の中	8
liányìhuì	联谊会	名 交流会	10
liànxí	练习	動 練習する	10
liǎng	两	数 〈数量のときの〉2	4
liàng	辆	量 〈車を数える〉〜台	9
liáo//tiānr	聊天儿	動 おしゃべりする、雑談する	6
líng	零 (0)	数 0、ゼロ	発4
liúlì	流利	形 流ちょうである	10
liúxuéshēng	留学生	名 留学生	1
liù	六	数 6	発4
lóu	楼	名 階、フロア	13
lǚyóu	旅游	動 旅行する	8

M

mā	妈	名 お母さん、母	発
māma	妈妈	名 お母さん、母	発4
má	麻	名 麻	発
mápó dòufu	麻婆豆腐	名 マーボー豆腐	9
mǎ	马	名 馬	発
mǎshàng	马上	副 すぐに	14
mà	骂	動 ののしる	発
ma	吗	助 〈疑問の助詞〉〜か	1
mǎi	买	動 買う	3
mài	卖	動 売る	13
màn	慢	形 (速度が) 遅い (↔ 快 kuài)	10
mànhuà	漫画	名 漫画	3
máng	忙	形 忙しい	5
máoyī	毛衣	名 セーター	11
màozi	帽子	名 帽子	11
méi	没	副 〈動作の進行の否定に用い	

		る〉	9
méi(yǒu)	没（有）	動 ①〈所有〉ない、持って	
		いない	3
		②〈存在〉ない、いない	
			8
méi(you)	没（有）	副〈動作の完了・経験・持続	
		・比較の否定に用いる〉	6
méi guānxi	没关系	構わない	発 13
méi xiǎngdào	没想到	思いもしない、意外で	
		ある	9
měi ge	每个	各〜、〜ごとに	9
měinián	每年	名 毎年	発
měitiān	每天	名 毎日	3
měi	美	形 美しい、きれい	7
Měiguó	美国	名 アメリカ	10
měilì	美丽	形〈書き言葉〉美しい、	
		きれい	付
mèimei	妹妹	名 妹	4
ménkǒu	门口	名 出入口	7
-men	–们	接尾 〜たち	付
mǐ	米	名 メートル	14
miǎnfèi	免费	動 無料にする	6
miànbāo	面包	名 パン	3
miàntiáo	面条	名 麺	7
míngnián	明年	名 来年	12
míngtiān	明天	名 明日	5
míngshèng gǔjì	名胜古迹	名 名所旧跡	8
míngzi	名字	名 名前	4

N

ná	拿	動 ①（手に）取る、持つ	13
		②（資格を）取る	9
náshǒu	拿手	形 得意である	9
nǎ	哪	疑 どれ	2
nǎge	哪个	疑 どれ	2
nǎr	哪儿	疑 どこ	3
nǎxiē	哪些	疑 どれら	2
nà	那	代 それ、あれ	2
		接 それでは、それなら	4
nàge	那个	代 それ、あれ	2
nàr	那儿	代 そこ、あそこ	3
nàxiē	那些	代 それら、あれら	2
nán	难	形 難しい（↔ 容易 róngyì）	
			4

nán	男	形 男性の（↔ 女 nǚ）	13
ne	呢	助 ①〈省略疑問〉〜は？	3
		②〈動作の進行〉〜して	
		いる	9
		③〈聞き手に注意を促す〉	
			11
		④〈疑問詞疑問文の文末	
		に用い、疑問の語気	
		を強める〉	11
néng	能	助動	
		①〈能力的に〉〜できる	10
		②〈条件的に〉〜できる	10
ng	嗯	感〈肯定・承諾を表わす〉	
		うん、ええ	13
nǐ	你	代 あなた	1
nǐ hǎo	你好	こんにちは	発 1
nǐmen	你们	代 あなたたち	1
nián	年	名 〜年、〜年間	発 5
niánhuò	年货	名 正月用品	付
niánjí	年级	名 学年	1
nín	您	代〈"你"の敬語〉あなた	1
nǚ	女	形 女性の（↔ 男 nán）	13
nuǎnhuo	暖和	形 暖かい	12

P

pá	爬	動 登る	8
pángbiānr	旁边儿	名 そば、横	8
pǎo	跑	動 走る	10
péngyou	朋友	名 友だち	1
pīpíng	批评	動 叱る	15
píjiǔ	啤酒	名 ビール	9
piān	篇	量〈1つのまとまった文章	
		を数える〉〜編	13
piányi	便宜	形 安い（↔ 贵 guì）	4
piào	票	名 チケット	4
piàoliang	漂亮	形 きれいである、美しい	12
pīngpāngqiú	乒乓球	名 卓球	10
píngshí	平时	名 ふだん	9

Q

qī	七	数 7	発 4
qí	骑	動（自転車やバイクに）	
		乗る	12

qǐ	起	動 起きる	14
qǐ//chuáng	起床	動 起床する	5
qìchē	汽车	名 自動車、車	9
qìfēn	气氛	名 雰囲気	10
qiān	千	数 1,000	発 4
qiānwàn	千万	副 (強く念を押し) くれぐれも、ぜひとも	15
qián	钱	名 お金	3
qiánbāo	钱包	名 財布	発 2
qián	前	名 〜の前 (↔ 后 hòu)	5
qiánbianr	前边儿	名 前	8
qīnyǎn	亲眼	副 自分の目で	8
qīngjiāo ròusī	青椒肉丝	名 チンジャオロース	9
Qíngrénjié	情人节	名 バレンタインデー	12
qǐng	请	動 どうぞ〜してください	1
qǐng duō guānzhào	请多关照	どうぞよろしく	1
qiú	球	名 球、ボール	発 付
qiúchǎng	球场	名 球技場、グラウンド	5
qù	去	動 行く	3
qùnián	去年	名 去年	12
quánjiāzhào	全家照	名 家族写真	4
qúnzi	裙子	名 スカート	11

R

ránhòu	然后	接 その後、それから	8
ràng	让	動 〈使役〉〜させる、〜するように言う、〜てもらう	14
rè	热	形 暑い (↔ 冷 lěng)	7
règǒu	热狗	名 ホットドッグ	4
rén	人	名 人	発 4
rénmen	人们	名 人々	付
rènshi	认识	動 知り合う、面識がある	10
Rìběn	日本	名 日本	発 1
Rìběnrén	日本人	名 日本人	1
rìcānguǎn	日餐馆	名 和食レストラン	15
Rìyǔ	日语	名 日本語	10
rìyuán	日元	名 日本円	4
rìzi	日子	名 日にち	7
róngqià	融洽	形 打ち解けている	10
ròu	肉	名 肉	発

S

sān	三	数 3	発 4
sān kè	三刻	45分	5
sānmíngzhì	三明治	名 サンドイッチ	4
sǎn	伞	名 傘	11
shālā	沙拉	名 サラダ	7
shān	山	名 山	発 8
shāngdiàn	商店	名 店、商店	発 3
shàng	上	動 ① 上がる	14
		② (料理などを) テーブルに運ぶ	15
		名 前の (↔ 下 xià)	15
shàngbianr	上边儿	名 上	8
shàngcì	上次	名 前回 (↔ 下次 xiàcì)	9
Shànghǎi	上海	名 上海（しゃんはい）	発 8
shàng//kè	上课	動 授業を受ける、授業が始まる	5
shàngwǔ	上午	名 午前 (↔ 下午 xiàwǔ)	7
shàng//xué	上学	動 学校へ行く	7
shang	上	接尾 〜の上	8
shǎo	少	形 少ない (↔ 多 duō)	9
shǎoshù mínzú	少数民族	名 少数民族	付
shéi	谁	疑 誰	2
shēntǐ	身体	名 体	5
shénme	什么	疑 何、どんな	2
shénmede	什么的	助 〜 など	3
shénme shíhou	什么时候	いつ	5
shēnghuó	生活	名 生活	10
shēngrì	生日	名 誕生日	12
shēngyìng	生硬	形 (表現が) 硬い	11
shēngyúpiàn	生鱼片	名 刺身	15
Shèngdànjié	圣诞节	名 クリスマス	12
shí	十	数 10	発 4
shíhou	时候	名 時	12
shíjiān	时间	名 時間	9
shízhuāng	时装	名 ファッション	2
shípǐn	食品	名 食品	5
shítáng	食堂	名 食堂	発 3
shì	是	動 ① 〜である	1
		② 〈応答〉そうです	1
shì ma	是吗	〈応答〉そうですか	8
shì	试	動 試す	11
shìjiè yíchǎn	世界遗产	名 世界遺産	8

shìr	事儿	图 用事	7
shōu	收	動 受ける	14
shǒu	首	量 〈歌や詩を数える〉～曲、～首	6
shǒujī	手机	图 携帯電話	2
shū	书	图 本	3
shūbāo	书包	图 かばん	2
shǔjià	暑假	图 夏休み	9
shuài	帅	形 （男性が）格好いい	4
shuāng	双	量 〈対になった物を数える〉～足、～組	11
shuǐ	水	图 水	発
shuǐguǒ	水果	图 果物	発
shuì//jiào	睡觉	動 寝る	5
shuō	说	動 言う、話す	4
sì	四	数 4	発 4
Sìchuān	四川	图 四川	発 付
sòng	送	動 ① 贈る	12
		② 見送る	15
súhuà	俗话	图 ことわざ	付
suíyì	随意	副 自由に、思うままに	10
suì	岁	图 ～歳	12
suǒyǐ	所以	接 そのため、だから	3

T

T xùshān	T恤衫	图 Tシャツ	11
tā	他	代 彼	1
tāmen	他们	代 彼ら	1
tā	她	代 彼女	1
tāmen	她们	代 彼女たち	1
tǎ	塔	图 タワー	14
Táiwān	台湾	图 台湾	8
tài	太	副 あまりに、～しすぎる	7
tài ~ le	太~了	あまりに～ だ	8
tàijíquán	太极拳	图 太極拳	10
tán	谈	動 語る	10
tán	弹	動 （ギターやピアノなどを）弾く	付
tāng	汤	图 スープ	9
tàocān	套餐	图 定食、セットメニュー	7
tèbié	特别	副 格別に、特に、すごく	10
tī	踢	動 蹴る、（サッカーを）する	5
tǐyàn	体验	動 体験する	15

tǐyùguǎn	体育馆	图 体育館	3
tiān	天	图 ～日間	5
tiānqì	天气	图 天気	7
Tiāntán	天坛	图 天壇	8
tiē	贴	動 貼る	付
tīng	听	動 聞く	8
tīngshuō	听说	動 （人から）聞いている、～だそうだ	付
tóngxué	同学	图 同級生、クラスメート	2
tōu	偷	動 盗む	15
túshūguǎn	图书馆	图 図書館	2

W

wā	哇	〈驚嘆や喜びを表わす〉うわー	12
wàibianr	外边儿	图 外	8
wàibiǎoměi	外表美	（人の）外見の美しさ	付
wán	完	動 終わる	6
wánr	玩儿	動 遊ぶ	発 7
wǎn	晚	形 遅い（↔ 早 zǎo）	13
wǎnfàn	晚饭	图 夕食	発
wǎnshang	晚上	图 夜（↔ 早上 zǎoshang）	5
wàn	万	数 10,000	発 4
Wànshèngjié	万圣节	图 ハロウィン	12
Wáng Jìng	王静	图 王静	1
wǎngqiú	网球	图 テニス	10
wàng	忘	動 忘れる	15
wéi	喂	感 〈電話の呼びかけ〉もしもし	7
wèi	为	介 ～のために	15
wèi shénme	为什么	なぜ、どうして	11
wēnquán	温泉	图 温泉（"洗温泉"温泉に入る）	付
wèn	问	動 尋ねる	4
wèntí	问题	图 問題	13
wǒ	我	代 私	1
wǒmen	我们	代 私たち	1
wūlóngchá	乌龙茶	图 ウーロン茶	9
wǔ	五	数 5	発 4
wǔfàn	午饭	图 昼食	13

X

xīwàng	希望	動 願う、希望する	9

117

xǐ	洗	動 洗う	13
xǐshǒujiān	洗手间	名 トイレ	6
xǐ//zǎo	洗澡	動 風呂に入る	5
xǐhuan	喜欢	動 好きである	3
xì	系	名 学部	付
xià	下	動 下がる、降りる	14
		名 次の（↔ 上 shàng）	15
xiàbianr	下边儿	名 下	8
xiàcì	下次	名 次回（↔ 上次 shàngcì）	9
xià//kè	下课	動 授業が終わる	5
xiàwǔ	下午	名 午後（↔ 上午 shàngwǔ）	
			3
xiàtiān	夏天	名 夏	7
xiān	先	副 まず、先に	5
xiàn	县	名 県	付
xiànzài	现在	名 今	6
xiànmù	羡慕	動 うらやましく思う	10
Xiānggǎng	香港	名 香港	発
Xiāngnán	湘南	名 湘南	7
xiāngzi	箱子	名 スーツケース	15
xiǎng	想	助動 〈願望〉～したい	7
		動 思う、考える	9
xiǎngdào	想到	思いつく、考えつく	9
Xiǎo	小	接頭 〈若い人の姓の前に付	
		けて親しみを表わす〉	
		～さん	12
xiǎoháir	小孩儿	名 子供	発
xiǎoshí	小时	名 時間（60 分間のこと）	5
xiǎoshíhou	小时候	名 小さい頃	11
xiǎoshuō	小说	名 小説	発 2
xié	鞋	名 靴	11
xiě	写	動 書く	13
xièxie	谢谢	動 感謝する、ありがとう	
			発 12
xīn	新	形 新しい（↔ 旧 jiù）	13
Xīnsù	新宿	名 新宿	6
xìnyòngkǎ	信用卡	名 クレジットカード	15
xīngqī	星期	名 ① 曜日	5
		② 週	5
xīngqītiān	星期天	名 日曜日	5
xìng	姓	動 （姓を）～という	1
xìngrén dòufu	杏仁豆腐	名 アンニン豆腐	9
xióngmāo	熊猫	名 パンダ	8
xiūxi	休息	動 休む、休憩する	6

xué	学	動 学ぶ、習う	3
xuésheng	学生	名 学生	発 1
xuéxí	学习	動 勉強する	7
		名 勉強	9
xuéxiào	学校	名 学校	発 3
xuě	雪	名 雪	8

Y

Yàzhōu	亚洲	名 アジア	14
yǎn	演	動 演じる	13
yǎnjìng	眼镜	名 メガネ	発 11
yāoqǐng	邀请	動 招く	15
yào	要	動 ① 欲しい、注文する 発 4	
		②（時間や費用が）かかる	
			6
		助動 〈必要〉～しなければ	
		ならない	7
yào ~ le	要～了	もうすぐ～だ	13
yàoshi	要是	接 もし、仮に	15
yào	药	名 薬	15
yàoshi	钥匙	名 鍵	15
yě	也	副 ～もまた	2
yèwǎn	夜晚	名 〈書き言葉〉夜	6
yī	一	数 1	発 1
yìbiānr ~ yìbiānr…	一边儿～ 一边儿…		
		～しながら… する	6
yìdiǎnr	一点儿	数量 少し	10
yídìng	一定	副 きっと、必ず	発 14
yígòng	一共	副 全部で	6
yíhuìr	一会儿	数量 しばらくの間	13
yí kè	一刻	15 分	5
yìqǐ	一起	副 一緒に	7
yíwàng-wújì	一望无际	〈成語〉見渡す限り果て	
		しない	付
yíxià	一下	数量 ちょっと（～する）	8
yìzhí	一直	副 ずっと	14
yīfu	衣服	名 服	4
yīyuàn	医院	名 病院	6
Yíhéyuán	颐和园	名 頤和園	8
yǐhòu	以后	名 以後、～してから	9
yǐqián	以前	名 以前、～する前に	11
yǐjīng	已经	副 もう、すでに	6
yǐzi	椅子	名 椅子	発
yìdàlìmiàn	意大利面	名 スパゲティ	7

yīnwèi	因为	援 なぜなら、〜なので	8
yīnyuè	音乐	名 音楽	2
yínháng	银行	名 銀行	6
yǐnliào	饮料	名 飲み物	3
Yīngyǔ	英语	名 英語	3
Yīngtáo Xiǎo Wánzǐ			
	樱桃小丸子	名 ちびまる子ちゃん	11
yòng	用	介 〜で、〜を用いて	10
yóujiàn	邮件	名 Eメール	14
yóujú	邮局	名 郵便局	6
yóulèyuán	游乐园	名 遊園地	7
yóu//yǒng	游泳	動 泳ぐ	7
yóuyǒngguǎn	游泳馆	名 屋内プール	10
yǒu	有	動 ①〈所有〉持っている、	
		ある	3
		②〈存在〉〜がいる・ある	
			8
		③ 発生する、生じる	付
yǒudiǎnr	有点儿	副 少し	11
yǒumíng	有名	形 有名である	発
yǒushíhou	有时候	副 時々	11
yǒu yìsi	有意思	面白い	11
yòu	又	副 また	付
yòubianr	右边儿	名 右	8
yúkuài	愉快	形 楽しい	6
yúshì	于是	援 そこで、それで	14
yǔ	雨	名 雨	発
yǔsǎn	雨伞	名 傘	発
yuányīn	原因	名 原因	11
yuǎn	远	形 遠い（↔ 近 jìn）	6
yuè	月	名 〜月	5
yuèláiyuè	越来越	ますます	付

Z

zájì	杂技	名 雑技（中国の曲芸）	付
zázhì	杂志	名 雑誌	2
zài	在	動 〈所在〉〜にいる、〜に	
		ある	6
		介 〈ある場所〉〜で	5
		副 〈動作の進行〉〜している	
			9
zàijiàn	再见	さようなら	発
zánmen	咱们	代 〈聞き手を含む〉私たち	7
zǎn//qián	攒钱	動 貯金する	9

zǎoshang	早上	名 朝（↔ 晚上 wǎnshang）	5
zěnme	怎么	疑 どのようにして	8
zěnmeyàng	怎么样	疑 ① どのようか	10
		②〈同意を求めるときの〉	
		どうですか	8
zhájīchuànr	炸鸡串儿	名 焼き鳥	15
zhāng	张	量 〈薄く平たいものを数え	
		る〉	4
Zhāng	张	名 張	12
zhǎo	找	動 探す	13
zhào	照	動 （鏡に）映す	11
zhàopiàn	照片	名 写真	14
zhào//xiàng	照相	動 写真を撮る	14
zhàoxiàngjī	照相机	名 カメラ	15
zhè	这	代 これ	2
zhècì	这次	代 今回	付
zhège	这个	代 ① これ	2
		② この	4
zhème	这么	代 ① こんなに、そんなに	14
		② このように、そのよ	
		うに	15
zhèr	这儿	代 ここ	3
zhèxiē	这些	代 これら	2
zhe	着	動 〈動作・状態の持続〉	
		〜している	11
zhēn	真	副 本当に	12
zhēnde	真的	本当である	10
zhènghǎo	正好	形 ちょうどよい	11
		副 都合よく、ちょうど	12
zhīdao	知道	動 知る、わかる	12
zhíyuán	职员	名 職員	4
zhǐ	只	副 ただ、〜だけ、〜しかない	
			3
Zhōngguó	中国	名 中国	発1
Zhōngguórén	中国人	名 中国人	1
Zhōngqiūjié	中秋节	名 中秋節	12
Zhōngwén	中文	名 中国語	10
zhǒnglèi	种类	名 種類	12
zhōumò	周末	名 週末	8
zhǔjué	主角	名 主役	13
zhù	祝	動 祈る、願う	12
zhùyì	注意	動 気をつける	付
zhùzhòng	注重	動 重視する	付
zhuānyè	专业	名 専攻	付
zhuàngguān	壮观	形 壮観である	14

zhuōzi	桌子	名 机、テーブル	8
zì	字	名 字	発
zìwǒ jièshào	自我介绍	自己紹介	1
zìxíngchē	自行车	名 自転車	12
zǒu	走	動 ① 歩く	13
		② 出発する	6
zúqiú	足球	名 サッカー	5
zuì	最	副 最も、一番	3
zuìjìn	最近	名 最近	12

zuótiān	昨天	名 昨日	6
zuǒbianr	左边儿	名 左	8
zuǒyòu	左右	名 〜 前後、〜くらい	10
zuò	坐	動 ① 座る	13
		② （乗り物に）乗る	7
zuò	做	動 ① 作る	9
		② する、やる	13
zuò	座	量 〈ビルや山を数える〉	14
zuòyè	作业	名 宿題	13

著者略歴

竹島 毅(たけしま　つよし)
　1959 年生。日本大学大学院修士課程修了。中国語学専攻。
　大東文化大学教授。
趙　昕(ちょう　きん)
　1955 年生。北京广播学院(现中国伝媒大学)文芸編集学部卒。
　一橋大学社会学研究科博士後期課程修了。社会学博士。
　拓殖大学元教授。

《改訂版》さあ、中国語を学ぼう！ ― 会話・講読 ―

2022 年 2 月 10 日　第 1 刷発行
2023 年 12 月 10 日　第 5 刷発行

著　者 ©　竹　島　　　毅
　　　　　趙　　　　　昕
発行者　岩　堀　雅　己
組版所　柳葉コーポレーション
発行所 101-0052 東京都千代田区神田小川町 3 の 24
　　　　電話 03-3291-7811(営業部), 7821(編集部)　株式会社　白水社
　　　　www.hakusuisha.co.jp
　　　　乱丁・落丁本は、送料小社負担にてお取り替えいたします。

振替 00190-5-33228　　　Printed in Japan　　　株式会社三秀舎　誠製本株式会社

ISBN978-4-560-06942-4

中国語のしくみ《新版》
池田 巧 著
B6変型　146頁　定価1650円（本体1500円）

言葉にはそれぞれ大切なしくみがあります．
文法用語にたよらない，最後まで読み通せる
画期的な入門書．

李先生の中国語ライブ授業　李 軼倫 著
1 入門クラス
2 初級クラス

わかりづらいところを，李先生がしっかり解説．先生と生徒の会話で進むから，すい
すい読めます．
　　（2色刷）A5判　入門クラス194頁／初級クラス181頁　定価各1980円（本体1800円）

ニューエクスプレスプラス 中国語　喜多山幸子 著

世界の5人に1人が話すと言われ，日本国内でも需要の高
まる中国語．発音から初歩の会話・文法まで，コンパクト
にまとめた1冊です．
　　（2色刷）A5判　155頁　定価2200円（本体2000円）【CD付】

ニューエクスプレスプラス 台湾語　村上嘉英 著　A5判　158頁　定価2860円（本体2600円）【CD付】

ニューエクスプレスプラス 上海語 榎本英雄・范暁 著　A5判 162頁 定価3740円（本体3400円）【CD付】

ニューエクスプレスプラス 広東語　飯田真紀 著　A5判 160頁　定価2970円（本体2700円）【CD付】

中国語の入門 [最新版]　山下輝彦 著

30年以上にわたり，多くの方に学ばれてきた『中国語の入門』をリ
ニューアル．文法項目をしっかり身につけたい人，一通り学んだあ
とで頭の整理をしたい人におすすめの1冊．
　　　A5判　243頁　定価2530円（本体2300円）【CD付】

初級から中級へ！
中国語の類義語攻略ドリル
柴森 著

日本語から中国語に訳すとき，どれを使うか迷ってしまう類義語．間違いやすい表現
をピックアップし，使い分けをばっちりマスター！
　　　　　　　　　　A5判　206頁　定価2420円（本体2200円）

口からはじめる中国語
パズル式作文トレーニング　　　　【CD2枚付】
李軼倫 著　A5判 148頁　定価2090円（本体1900円）

中国語がなかなか口から出てこない人に！ 日
本語→中国語の変換力を鍛える1冊．短いフ
レーズを組み合わせながら表現を増やします．

中国語検定対策3級問題集 [三訂版]
伊藤祥雄 編著
A5判 205頁 定価2530円（本体2300円）【CD2枚付】

過去問を掲載し，解答を導くためのポイン
トを解説．CD2枚付でリスニング対策も万
全．模擬試験・単語リスト付．

中国語検定対策4級問題集 [三訂版]
伊藤祥雄 編著　　　　　　　【CD付】
（2色刷）A5判 187頁 定価1980円（本体1800円）

過去問を分析し，狙われやす
いポイントを解説．文法項目
ごとに要点を整理，練習問題
で実戦力を養う．模擬試験・
単語リスト付．

重版にあたり価格が変更になることがありますので，ご了承ください．

中 国 語 音 節 表

母音＼子音	a	o	e	-i	-i	er	ai	ei	ao	ou	an	en	ang	eng	ong	i	ia	ie	iao	iou	ian	in	iang	ing	iong	u	ua	uo	uai	uei	uan	uen	uang	ueng	ü	üe	üan	ün
母音のみ表記	a	o	e			er	ai	ei	ao	ou	an	en	ang	eng		yi	ya	ye	yao	you	yan	yin	yang	ying	yong	wu	wa	wo	wai	wei	wan	wen	wang	weng	yu	yue	yuan	yun
b	ba	bo					bai	bei	bao		ban	ben	bang	beng		bi		bie	biao		bian	bin		bing		bu												
p	pa	po					pai	pei	pao	pou	pan	pen	pang	peng		pi		pie	piao		pian	pin		ping		pu												
m	ma	mo	me				mai	mei	mao	mou	man	men	mang	meng		mi		mie	miao	miu	mian	min		ming		mu												
f	fa	fo						fei		fou	fan	fen	fang	feng												fu												
d	da		de				dai	dei	dao	dou	dan	den	dang	deng	dong	di	dia	die	diao	diu	dian			ding		du		duo		dui	duan	dun						
t	ta		te				tai		tao	tou	tan		tang	teng	tong	ti		tie	tiao		tian			ting		tu		tuo		tui	tuan	tun						
n	na		ne				nai	nei	nao	nou	nan	nen	nang	neng	nong	ni		nie	niao	niu	nian	nin	niang	ning		nu		nuo			nuan				nü	nüe		
l	la	lo	le				lai	lei	lao	lou	lan		lang	leng	long	li	lia	lie	liao	liu	lian	lin	liang	ling		lu		luo			luan	lun			lü	lüe		
g	ga		ge				gai	gei	gao	gou	gan	gen	gang	geng	gong											gu	gua	guo	guai	gui	guan	gun	guang					
k	ka		ke				kai	kei	kao	kou	kan	ken	kang	keng	kong											ku	kua	kuo	kuai	kui	kuan	kun	kuang					
h	ha		he				hai	hei	hao	hou	han	hen	hang	heng	hong											hu	hua	huo	huai	hui	huan	hun	huang					
j																ji	jia	jie	jiao	jiu	jian	jin	jiang	jing	jiong										ju	jue	juan	jun
q																qi	qia	qie	qiao	qiu	qian	qin	qiang	qing	qiong										qu	que	quan	qun
x																xi	xia	xie	xiao	xiu	xian	xin	xiang	xing	xiong										xu	xue	xuan	xun
zh	zha		zhe	zhi			zhai	zhei	zhao	zhou	zhan	zhen	zhang	zheng	zhong											zhu	zhua	zhuo	zhuai	zhui	zhuan	zhun	zhuang					
ch	cha		che	chi			chai		chao	chou	chan	chen	chang	cheng	chong											chu	chua	chuo	chuai	chui	chuan	chun	chuang					
sh	sha		she	shi			shai	shei	shao	shou	shan	shen	shang	sheng												shu	shua	shuo	shuai	shui	shuan	shun	shuang					
r			re	ri					rao	rou	ran	ren	rang	reng	rong											ru	rua	ruo		rui	ruan	run						
z	za		ze		zi		zai	zei	zao	zou	zan	zen	zang	zeng	zong											zu		zuo		zui	zuan	zun						
c	ca		ce		ci		cai		cao	cou	can	cen	cang	ceng	cong											cu		cuo		cui	cuan	cun						
s	sa		se		si		sai		sao	sou	san	sen	sang	seng	song											su		suo		sui	suan	sun						

北 京

圆明园

长城，八达岭，明十三陵

8号线　　5号线　　13号线

15号线

13号线

清华大学

北京语言大学

京包线

八达岭高速公路

奥林匹克公园

国家体育场

奥体中心

← 颐和园

北京大学

清华园站

10号线

北 四 环 路

奥林匹克体育中心

对外经济贸易大学

京藏高速公路

中国人民大学

4号线

北 土 城

北 三 环 路

中日友好医院

机场线

北京外国语大学

中央民族大学

北京师范大学

北京交通大学

地坛公园

机场高速公路

北京北站

德胜门

钟楼

雍和宫

东三环路

中国国家图书馆

9号线

首都体育馆

北京动物园

西直门

鼓楼

地安门大街

东直门

6号线

西 三 环 路

鲁迅博物馆

北海公园

北京工人体育馆

阜成门

景山公园

朝阳门

玉渊潭公园

月坛公园

故宫博物院

中南海

北京饭店

王府井大街

央视新址

日坛公园

中央电视台

西单北大街

西单

天安门

东单

建国门

友谊商店

国贸

1号线

10号线

复兴门外大街

复兴门内大街

西长安街

东长安街

建国门内大街

建国门外大街

人民大会堂

天安门广场

2号线

前门

崇文门

北京站

京承线

北京西站

琉璃厂街

前门大街

大栅栏

京石高速公路

广安门站

北京体育馆

10号线

天坛公园

陶然亭公园

北京南站

龙潭公园

京津城际线

南 三 环 路

京津塘高速公路

← 上海，天津

京开高速公路

10号线

5号线

亦庄线

1	北海道	Běihǎidào	**26**	京都	Jīngdū
2	青森	Qīngsēn	**27**	大阪	Dàbǎn
3	岩手	Yánshǒu	**28**	兵库	Bīngkù
4	宫城	Gōngchéng	**29**	奈良	Nàiliáng
5	秋田	Qiūtián	**30**	和歌山	Hégēshān
6	山形	Shānxíng	**31**	鸟取	Niǎoqǔ
7	福岛	Fúdǎo	**32**	岛根	Dǎogēn
8	茨城	Cíchéng	**33**	冈山	Gāngshān
9	栃木	Lìmù	**34**	广岛	Guǎngdǎo
10	群马	Qúnmǎ	**35**	山口	Shānkǒu
11	埼玉	Qíyù	**36**	德岛	Dédǎo
12	千叶	Qiānyè	**37**	香川	Xiāngchuān
13	东京	Dōngjīng	**38**	爱媛	Àiyuán
14	神奈川	Shénnàichuān	**39**	高知	Gāozhī
15	新潟	Xīnxì	**40**	福冈	Fúgāng
16	富山	Fùshān	**41**	佐贺	Zuǒhè
17	石川	Shíchuān	**42**	长崎	Chángqí
18	福井	Fújǐng	**43**	熊本	Xióngběn
19	山梨	Shānlí	**44**	大分	Dàfēn
20	长野	Chángyě	**45**	宫崎	Gōngqí
21	岐阜	Qífù	**46**	鹿儿岛	Lù'érdǎo
22	静冈	Jìnggāng	**47**	冲绳	Chōngshéng
23	爱知	Àizhī			
24	三重	Sānchóng			
25	滋贺	Zīhè			

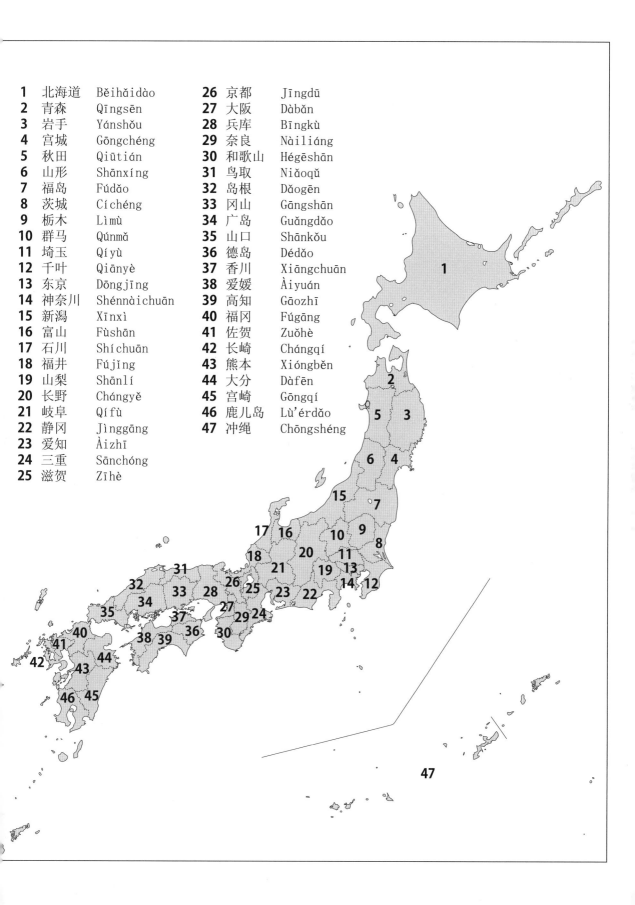

47